JN069536

もっと活躍しよう！中国語 中級

徐 送迎

朝日出版社

音声ダウンロード

 音声再生アプリ「リスニング・トレーナー」(無料)

朝日出版社開発のアプリ、「リスニング・トレーナー（リストレ）」を使えば、教科書の
音声をスマホ、タブレットに簡単にダウンロードできます。どうぞご活用ください。

まずは「リストレ」アプリをダウンロード

▶ App Store はこちら　　　▶ Google Play はこちら

アプリ【リスニング・トレーナー】の使い方

❶ アプリを開き、「**コンテンツを追加**」をタップ

❷ QRコードをカメラで読み込む

❸ QRコードが読み取れない場合は、画面上部に [**45368**] を入力し「Done」をタップします

QRコードは㈱デンソーウェーブの登録商標です

Webストリーミング音声

http://text.asahipress.com/free/ch/245368

◆本テキストの音声は、上記のアプリ、ストリーミングでのご提供となります。
　本テキストに CD・MP3 は付きません。

　このテキストは初級の中国語を終了し、その次のステップに進む準中級中国語の教科書です。

　初級『活躍しよう！中国語』を学習された皆さんに親しみや繋がりを感じてもらうという気持ちで、中級でも同じ主人公を登場させていますが、独立した構成です。

　中級では、日本という舞台で阿部龍さんが友人の観光案内や医者の通訳、就職活動、アルバイト、インターンシップなど、多方面にわたって展開しています。

　目指したのは、学生に親しみやすく、楽しく学びやすい、自然と身につくことです。この目標のもとに作成された本書の特色は、以下の４点です。

1. 内容は学生の身近なことで、実践的な場面によって、ちょっとした臨場感を味わうことができます。

2. 各課は本文、語句、ポイント、トレーニング、達成度総合チェックという五つで構成されています。１課につき、２コマで進めていくのが基本的なモデルです。

3. 初級で学んだ重要な文法事項を復習しつつ、新しい文法を加えています。練習を多く盛り込み、繰り返し練習することによって、自然とマスターしていくことをねらいます。特にグループでもできる練習問題を用意しています。聴く、話す、読む、書くという総合的な訓練を行い、聴けて話せることに重点を置きましたが、文法理解や読解力、作文能力の向上にも配慮しました。

4. 近年、教育改革の一環として、多くの大学は従来90分の授業を100分か、105分に改定されました。この教科書はこの改革にもフィットするように、トレーニングのほかに「達成度を総合チック」を設け、クラス編成や１コマの長さ、学習者のレベルによって、担当の先生方は無理せず選択して練習することができます。時間があれば、全部行い、時間が足りない場合、中の一部分だけでもよいです。

　本書の勉強によって、学習者の皆さんがコミュニケーション能力を身につけ、中国語を生かして、さらなる活躍を願ってやみません。

著　者

目次

┌─ 記号凡例 ─────────────────────

名：名詞　　　　　　動：動詞

形：形容詞　　　　　量：量詞

接：接続詞　　　　　代：代名詞

助：助詞　　　　　　感：感嘆詞

方位：方位詞　　　　介：介詞（前置詞）

助動：助動詞　　　　成：四字熟語

数量：数量詞　　　　慣：慣用表現

疑代：疑問代詞　　　フ：フレーズ

└───────────────────────────

第 **1** 课
Dì yī kè

在成田机场
Zài Chéngtián Jīchǎng

本文 阿部龍さんは成田空港に中国から来た友達たちを迎えに来ている。 001

阿部： **大家好！ 好久不见！**
Dàjiā hǎo! Hǎojiǔ bú jiàn!

刘佳： **阿部，谢谢你特地来接我们！**
Ābù, xièxie nǐ tèdì lái jiē wǒmen!

阿部： **我们是朋友，不用客气。**
Wǒmen shì péngyou, búyòng kèqi.

朋友A： **飞机晚点，让你久等了。**
Fēijī wǎndiǎn, ràng nǐ jiǔ děng le.

阿部： **没关系。 我帮你拿行李。**
Méi guānxi. Wǒ bāng nǐ ná xíngli.

刘佳： **能在日本重逢， 太高兴了！**
Néng zài Rìběn chóngféng, tài gāoxìng le!

朋友B： **除了刘佳，我们都不会说日语。**
Chúle Liú Jiā, wǒmen dōu bú huì shuō Rìyǔ.

阿部： **放心吧，我给大家当翻译。**
Fàngxīn ba, wǒ gěi dàjiā dāng fānyì.

刘佳： **怎么去民宿？**
Zěnme qù mínsù?

阿部： **坐地铁去，非常方便。**
Zuò dìtiě qù, fēicháng fāngbiàn.

  002

❶ 机场 jīchǎng 〔名〕空港	❽ 拿 ná 〔動〕持つ、取る
❷ 好久不见 hǎojiǔ bú jiàn お久しぶりです	❾ 行李 xíngli 〔名〕（旅行の）荷物
❸ 特地 tèdì 〔副〕わざわざ	❿ 重逢 chóngféng 〔動〕再会する
❹ 接 jiē 〔動〕迎える	⓫ 放心 fàngxīn 〔動〕安心する
❺ 晚点 wǎndiǎn 〔動〕延着する	⓬ 当翻译 dāng fānyì 〔フ〕通訳をする、通訳になる
❻ 让你久等了 ràng nǐ jiǔ děng le お待たせした	⓭ 怎么 zěnme 〔疑代〕どのように、どうして
❼ 帮 bāng 〔動〕手伝う	⓮ 民宿 mínsù 〔名〕民泊、（個人経営の）旅館

ポイント

 1 助動詞 "能"　主語 + "能" + 動詞　「～することができる」

動詞の前に置かれ、能力、客観的な条件や事情、ルールなどによってできることを表わす。

(1) 你能看中文报纸吗?
Nǐ néng kàn Zhōngwén bàozǐ ma?

➡

我能看。
Wǒ néng kàn.

我不能看。
Wǒ bù néng kàn.

※中文报纸：中国語の新聞

(2) 能一起工作，我很高兴。
Néng yìqǐ gōngzuò, wǒ hěn gāoxìng.

※一起：一緒に

(3) 你喝酒了，绝对不能开车。
Nǐ hē jiǔ le, juéduì bù néng kāichē.

 2 複文 "除了Ａ，都Ｂ"　「ＡのほかにすべてＢだ」「Ａを除いてみなＢだ」

(1) 除了我，他们都是留学生。
Chúle wǒ, tāmen dōu shì liúxuéshēng.

(2) 除了生鱼片，他什么都能吃。
Chúle shēngyúpiàn, tā shénme dōu néng chī.

※生鱼片：刺身

(3) 我们除了星期天，每天都营业。
Wǒmen chúle xīngqītiān, měi tiān dōu yíngyè.

即練習　次の文を中国語に直しましょう。

❶ ご一緒に中国語を勉強することができて嬉しいです。

....

❷ 教師一人を除いて、みんな学生です。

....

助動詞 "会" (1)　主語 + "会" + 動詞　「～することができる」

動詞の前に置かれ、勉強や訓練を通じてできること（主に語学、スポーツ、音楽及び他の技能）を表わす。

(1) 我会说一点儿汉语。　　　　　　　　　　　　　　　　　　＊一点儿：少し
   Wǒ huì shuō yìdiǎnr Hànyǔ.

(2) 他们都会打乒乓球。　　　　　　　　　　　　　　　　　　＊打乒乓球：卓球をする
   Tāmen dōu huì dǎ pīngpāngqiú.

(3) 你会开车吗？　➡　我 (不) 会开车。
   Nǐ huì kāichē ma?　　Wǒ (bú) huì kāichē.

介詞 "给～"　主語 + "给" + 人 + 動詞　「～に、～のために」

(1) 学长给我介绍工作。　　　　　　　　　　　　　　　　　　＊学长：先輩
   Xuézhǎng gěi wǒ jièshào gōngzuò.

(2) 我每天给朋友发短信。　　　　　　　　　　　　　　　　　＊发短信：ショートメールを送る
   Wǒ měi tiān gěi péngyou fā duǎnxìn.

(3) 爸爸给弟弟买游戏机吗？　　　　　　　　　　　　　　　　＊游戏机：ゲーム機
   Bàba gěi dìdi mǎi yóuxìjī ma?

   爸爸不给弟弟买游戏机。　　💡 否定詞は "给" の前に置く。
   Bàba bù gěi dìdi mǎi yóuxìjī.

即練習　次の文を中国語に直しましょう。

❶ 彼らはみんな中国語が話せます。

_____

❷ 彼女は私に電話をかけて☆くれません。　　　　　　　　　☆打电话 dǎ diànhuà

_____

11

1 イラストの語句を使って、下線部を置き換え練習しましょう。 007

1

会　弹钢琴
huì　tán gāngqín

2

能　看中文杂志
néng　kàn Zhōngwén zázhì

3

会　打太极拳
huì　dǎ tàijíquán

(1)　A：你能去吗？
　　　　Nǐ néng qù ma?

　　　B：没问题，我能去。
　　　　Méi wèntí, wǒ néng qù.

　　　C：很遗憾，我不能去。
　　　　Hěn yíhàn, wǒ bù néng qù.

4

妈妈　我们　做中国菜
māma　　　　zuò Zhōngguócài

5

我　爸爸　当汉语翻译
　　bàba　dāng Hànyǔ fānyì

6

他　大家　拉小提琴
　　dàjiā　lā xiǎotíqín

(2)　A：朋友给我发短信。
　　　　Péngyou gěi wǒ fā duǎnxìn.

　　　B：朋友不给我发短信。
　　　　Péngyou bù gěi wǒ fā duǎnxìn.

008　一课一成语 yí kè yì chéngyǔ　　　1課に1つの四字熟語を覚えましょう！

おんこ ちしん
温故知新 wēn gù zhī xīn（古きを温めて新しきを知る）以前習ったものを復習して、
そこから新しい知識や見解を得られる。

2 役を分担して会話をしてみましょう。

(1) A: 阿部去成田机场做什么？

　　 B: ....

(2) A: 除了刘佳，他们都会说日语吗？

　　 B: ....

(3) A: 他们怎么去民宿？

　　 B: ....

3 中国語の発音を聞いて、語句を書き取りましょう。　　　🔊 009

漢 字	ピンイン		漢 字	ピンイン
(1)	....	(4)	....
(2)	....	(5)	....
(3)	....	(6)	....

4 下記の日本語の意味になるように、語句を並べ替えましょう。

(1) 彼は毎日彼女☆に電話をします。
【给 / 打电话 / 每天 / 他 / 女朋友 / 。】　　　☆女朋友 nǚpéngyou

....

(2) あなたは1人で中国に旅行☆に行くことができますか。
【一个人 / 你 / 旅游 / 能 / 中国 / 去 / 吗 / ？】　　　☆旅游 lǚyóu

....

(3) 私を除いて、彼らはみんな卓球ができます。
【他们 / 我 / 打乒乓球 / 都 / 除了 / 会 / ， / 。】

....

🔊 010

1　音声を聞いて（　）を埋め、さらに通訳してみましょう。

(1) 没问题，我能当汉语（　　　　　）。

(2) 很遗憾，我不会打（　　　　　）。

(3) 除了她，我们都不会（　　　　　）。

2　空欄を埋めて、日本語に訳してみましょう。

(1) 阿部（　　　）说汉语，他（　　　　）中国朋友当翻译。

日本語訳 _____

(2) 坐公交车（　　　）去民宿吗？ ⇒ 不（　　　）去。 ＊公交车 gōngjiāochē：バス

日本語訳 _____

(3) （　　　）刘佳，来日本旅游的朋友（　　　）不会说日语。

日本語訳 _____

3　次の日本語を中国語に訳しましょう。

(1) 日本で再会できて、たいへん嬉しいです。

_____

(2) わざわざ出迎えてくれて、ありがとうございます。

_____

(3) ご安心ください。私がみなさんに通訳いたします。

_____

第 2 课 为重逢干杯

Dì èr kè

Wèi chóngféng gānbēi

本文 再会した若い大学生らは熱々パーティーをしている。　🔊 011

阿部： 我提议为我们的重逢干杯！
Wǒ tíyì wèi wǒmen de chóngféng gānbēi!

刘佳： 好！ 我们的年龄都可以喝酒了。
Hǎo! Wǒmen de niánlíng dōu kěyǐ hē jiǔ le.

朋友B： 来，为我们的友谊干一杯！
Lái, wèi wǒmen de yǒuyì gān yì bēi!

刘佳： 诶，我们自我介绍一下，好不好？
Éi, wǒmen zìwǒ jièshào yíxià, hǎo bu hǎo?

朋友A： 赞成！ 阿部，你先说吧。
Zànchéng! Ābù, nǐ xiān shuō ba.

阿部： 我叫阿部龙，是经济系二年级的学生。
Wǒ jiào Ābù Lóng, shì jīngjìxì èr niánjí de xuésheng.

刘佳： 请问，你的爱好是什么？
Qǐngwèn, nǐ de àihào shì shénme?

阿部： 我喜欢读书，还喜欢旅游。
Wǒ xǐhuan dúshū, hái xǐhuan lǚyóu.

朋友A： 阿部，你的汉语真棒！
Ābù, nǐ de Hànyǔ zhēn bàng!

阿部： 哪里哪里，过奖了。
Nǎli nǎli, guòjiǎng le.

新出語句 🔊 012

❶ 提议 tíyì ［名・動］提議（する）、提案（する）

❷ 来 lái ［動］（人を促して）さあ

❸ 诶 éi ［感］（話題を変えたり、不審や問いただす意を表わす）ねえ、あれ、おや

❹ 自我介绍 zìwǒ jièshào ［フ］自己紹介（する）

❺ 一下 yíxià ［数量］ちょっと、少し

❻ 系 xì ［名］学部、学科

❼ 年级 niánjí ［名］学年

❽ 爱好 àihào ［名］趣味

❾ 喜欢 xǐhuan ［動］（～するのが）好きだ

❿ 真 zhēn ［副］本当に、実に

⓫ 棒 bàng ［形］すばらしい、すごい

⓬ 哪里哪里 nǎli nǎli どういたしまして、とんでもない、いやいや

⓭ 过奖 guòjiǎng ［動］褒めすぎる

013

 介詞 "为〜" と "为了〜" 「〜のために…(する)」「〜のために、…(する)」

(1) 为我们的青春干杯!
Wèi wǒmen de qīngchūn gānbēi!

(2) 为各位的健康、幸福干杯!
Wèi gè wèi de jiànkāng、xìngfú gānbēi!

(3) 为了减肥，她每天晚上跑步。　　　※减肥：ダイエットする　※跑步：ジョギングをする
Wèile jiǎnféi, tā měi tiān wǎnshang pǎobù.

 014

 助動詞 "可以"　主語 + "可以" + 動詞　「〜してもよい、〜することができる」

許可や可能性を表わす。

(1) 我可以提个问题吗?　　　　　　　　　　　　　　　　　　　※提问题：質問する
Wǒ kěyǐ tí ge wèntí ma?

(2) 你们也可以坐高铁去北京。　　　　　　　　　　※高铁：高速鉄道（中国の新幹線）
Nǐmen yě kěyǐ zuò Gāotiě qù Běijīng.

(3) 这儿可以照相吗?　　➡　不能照相。　　💡 否定は "不能" を使う。
Zhèr kěyǐ zhàoxiàng ma?　　　Bù néng zhàoxiàng.

🔔 不可以照相。（〜してはいけない、だめだ）
Bù kěyǐ zhàoxiàng.

🐬 **即練習**　次の文を中国語に直しましょう。

❶ 体を鍛える☆ために、彼は毎日ジョギングをします。　　　　☆锻炼身体 duànliàn shēntǐ

⋯⋯

❷ ここでは煙草を吸う☆ことができません。　　　　　　　　　　☆抽烟 chōuyān

⋯⋯

Point 3 語気助詞 "了" 「〜になった、〜した」

文末に置かれる語気助詞 "了" は、主に情況や事態の変化を表わすが、ある事柄が既に実現したことや動作の完了を表わすこともできる。

(1) 我二十岁了。你呢?
Wǒ èrshí suì le.　Nǐ ne?

(2) 他哥哥去年大学毕业了。
Tā gēgē qùnián dàxué bìyè le.
＊毕业：卒業する

(3) 我爸爸去中国出差了。
Wǒ bàba qù Zhōngguó chūchāi le.
＊出差：出張する

Point 4 動量補語　主語＋動詞＋動量補語（＋目的語）

動量補語は動詞の後に置かれ、動作・行為の回数や程度を表わす。

(1) 请再说一遍。
Qǐng zài shuō yí biàn.
＊遍：(動作の始めから終わりまでの全過程) 回

(2) 明天我去一趟大阪。
Míngtiān wǒ qù yí tàng Dàbǎn.
＊趟：(1往復) 回、度

🔔 目的語が代名詞の場合、動量補語は目的語の後ろに置く。

主語＋動詞＋目的語＋動量補語

(3) 请等我一下。
Qǐng děng wǒ yíxià.
＊等：待つ

 即練習　次の文を中国語に直しましょう。

❶ 私も卓球ができるようになりました。

_____

❷ 私はコンビニ☆に行って来ます。
☆便利店 biànlìdiàn

_____

1 イラストの語句を使って、下線部を置き換え練習しましょう。 017

1
夏天　　去海边游泳
xiàtiān　qù hǎibiān yóuyǒng

2
秋天　　看红叶
qiūtiān　kàn hóngyè

3
冬天　　滑雪
dōngtiān　huáxuě

(1) A: <u>春天</u>来了，你喜欢做什么？ 　　　　　　　 ＊春天：春
　　　　Chūntiān lái le, nǐ xǐhuan zuò shénme?

　　 B: 我喜欢<u>看樱花</u>。 　　　　　　　　　　　　　 ＊樱花：桜
　　　　Wǒ xǐhuan kàn yīnghuā.

　　 A: 是吗？　我也喜欢<u>看樱花</u>。
　　　　Shì ma?　Wǒ yě xǐhuan kàn yīnghuā.

4
去留学　　打工挣钱
liúxué　dǎgōng zhèngqián

5
参加马拉松　　每天长跑
cānjiā mǎlāsōng　chángpǎo

6
写论文　　每天去图书馆查资料
xiě lùnwén　túshūguǎn chá zīliào

(2) A: 为了<u>减肥</u>，他／她 <u>每天跑步</u>。
　　　　Wèile jiǎnféi, tā měi tiān pǎobù.

　　 B: 真了不起！ 　　　　　　　　　　　　 ＊了不起：大したものだ、すごい
　　　　Zhēn liǎobuqǐ!

018　**一课一成语** yí kè yì chéngyǔ 　　　　1課に1つの四字熟語を覚えましょう！

百折不挠 bǎi zhé bù náo　（不撓不屈）何度挫折しても意志を曲げない。

18

2 役を分担して会話をしてみましょう。

(1) A：阿部的提议是什么？

　　B：＿＿＿＿＿＿＿＿＿＿＿＿＿＿＿＿＿＿＿＿＿＿＿＿＿＿＿＿＿＿＿＿

(2) A：阿部是哪个系的学生？　你呢？

　　B：＿＿＿＿＿＿＿＿＿＿＿＿＿＿＿＿＿＿＿＿＿＿＿＿＿＿＿＿＿＿＿＿

(3) A：阿部的爱好是什么？　你的爱好呢？

　　B：＿＿＿＿＿＿＿＿＿＿＿＿＿＿＿＿＿＿＿＿＿＿＿＿＿＿＿＿＿＿＿＿

3 中国語の発音を聞いて、語句を書き取りましょう。　　🔊 019

漢　字	ピンイン		漢　字	ピンイン
(1) ＿＿＿＿	＿＿＿＿	(4) ＿＿＿＿	＿＿＿＿
(2) ＿＿＿＿	＿＿＿＿	(5) ＿＿＿＿	＿＿＿＿
(3) ＿＿＿＿	＿＿＿＿	(6) ＿＿＿＿	＿＿＿＿

4 下記の日本語の意味になるように、語句を並べ替えましょう。

(1) 私たちはちょっと彼女を待ってあげましょう。
【 她 / 我们 / 一下 / 吧 / 等 / 。】

＿＿＿＿＿＿＿＿＿＿＿＿＿＿＿＿＿＿＿＿＿＿＿＿＿＿＿＿＿＿＿＿＿＿＿＿

(2) 私たちは自転車☆で行くこともできます。
【 去 / 也 / 骑自行车 / 我们 / 可以 / 。】　　　　　☆骑自行车 qí zìxíngchē

＿＿＿＿＿＿＿＿＿＿＿＿＿＿＿＿＿＿＿＿＿＿＿＿＿＿＿＿＿＿＿＿＿＿＿＿

(3) 中国語をマスターする☆ために、彼女は毎日中国語の新聞を読みます。
【 每天 / 中文报纸 / 为了 / 汉语 / 她 / 学好 / 看 / ， / 。】　　　☆学好 xuéhǎo

＿＿＿＿＿＿＿＿＿＿＿＿＿＿＿＿＿＿＿＿＿＿＿＿＿＿＿＿＿＿＿＿＿＿＿＿

◁)) 020

1 音声を聞いて（　　）を埋め、さらに通訳してみましょう。

(1) （　　　　　　　）来了，他们去（　　　　　　　）。

(2) （　　　　　　　）来了，他们去看（　　　　　　）。

(3) （　　　　　　　）来了，他们去海边（　　　　　　　）。

2 空欄を埋めて、日本語に訳してみましょう。

(1) 刘佳他们的年龄都（　　　）喝酒了。他们（　　　）重逢干杯。

日本語訳 ....

(2) 阿部是经济系二（　　　）的学生。他（　　　）读书和旅游。　　＊和 hé：～と

日本語訳 ....

(3) 你的汉语（　　　　　）棒！ ⇒（　　　　　　　），过奖了。

日本語訳 ....

3 次の日本語を中国語に訳しましょう。

(1) みなさんの幸せのために乾杯したいと思います。（"提议"を用いて）

....

(2) 私は～学部2年生です。（自分の所属する学部を書いて）

....

(3) 私たちちょっと自己紹介しませんか。

....

第 3 课 做日程表

Dì sān kè

Zuò rìchéngbiǎo

本文 民宿で。  021

阿部： 我们应该做一个详细的日程表。
Wǒmen yīnggāi zuò yí ge xiángxì de rìchéngbiǎo.

刘佳： 对，免得浪费时间。
Duì, miǎnde làngfèi shíjiān.

朋友B： 先在东京观光，然后去京都、大阪。
Xiān zài Dōngjīng guānguāng, ránhòu qù Jīngdū、 Dàbǎn.

阿部： 大家还想去哪儿？
Dàjiā hái xiǎng qù nǎr?

朋友A： 北海道，中国人都喜欢。
Běihǎidào, Zhōngguórén dōu xǐhuan.

刘佳： 日程就这样定了，怎么样？
Rìchéng jiù zhèyàng dìng le, zěnmeyàng?

朋友A： 同意。不过阿部太辛苦了吧。
Tóngyì. Búguò Ābù tài xīnkǔ le ba.

阿部： 跟大家在一起，我一点儿也不累。
Gēn dàjiā zài yìqǐ, wǒ yìdiǎnr yě bú lèi.

刘佳： 那就拜托了。
Nà jiù bàituō le.

朋友B： 阿部，请多介绍好玩儿的景点。
Ābù, qǐng duō jièshào hǎowánr de jǐngdiǎn.

新出語句

022

❶ 做 zuò 動 する、やる、作る
❷ 免得 miǎnde 接 〜しないように
❸ 浪费 làngfèi 動 浪费する、むだ遣いをする
❹ 就 jiù 副（結論を示す）〜ならば〜だ
❺ 这样 zhèyàng 代 このように、このような
❻ 定 dìng 動 決まる、決める
❼ 怎么样 zěnmeyàng 疑代 どうですか

❽ 不过 búguò 接 ただし、でも
❾ 辛苦 xīnkǔ 形 苦労する、骨が折れる
❿ 一起 yìqǐ 名 同じ所
⓫ 累 lèi 形 疲れる
⓬ 拜托 bàituō 動 お願いする、お頼みする
⓭ 好玩儿 hǎowánr 形 おもしろい
⓮ 景点 jǐngdiǎn 名 観光スポット

🔊 023

 助動詞 "应该"　主語 + "应该" + 動詞　「～すべきだ、～のはずだ」

(1) 我们应该赶快准备。
Wǒmen yīnggāi gǎnkuài zhǔnbèi.

＊赶快：早く、急いで　＊准备：準備する、用意する

(2) 这附近应该有日本餐厅。
Zhè fùjìn yīnggāi yǒu Rìběn cāntīng.

＊餐厅：レストラン

(3) 你不应该这样做。
Nǐ bù yīnggāi zhèyàng zuò.

🔊 024

 複文 "先 A，然后 B"　「先ず A して、それから B する」

(1) 我们先洗澡，然后吃晚饭。
Wǒmen xiān xǐzǎo, ránhòu chī wǎnfàn.

＊洗澡：入浴する

(2) 大家先看一下资料，然后开会。
Dàjiā xiān kàn yíxià zīliào, ránhòu kāihuì.

＊开会：会議をする

(3) 他们先去北京，然后去上海考察。
Tāmen xiān qù Běijīng, ránhòu qù Shànghǎi kǎochá.

🐬 **即練習**　次の文を中国語に直しましょう。

❶ 私たちは中国語をマスターすべきです。

---

❷ 彼はまずジョギングをして、それから朝食☆を食べます。

☆早饭 zǎofàn

助動詞"想"　主語＋"想"＋動詞　「～したい、～したいと思う」

(1) 将来我想做贸易工作。
Jiānglái wǒ xiǎng zuò màoyì gōngzuò.

(2) 今天我想吃清淡的料理。
Jīntiān wǒ xiǎng chī qīngdàn de liàolǐ.
＊清淡：あっさりしている

(3) 他不想去美国留学。
Tā bù xiǎng qù Měiguó liúxué.

介詞"跟～"　「～に、～と」

動作の相手や共に行動する人、比較の対象を示す。

(1) 我跟朋友们一起去旅游。
Wǒ gēn péngyoumen yìqǐ qù lǚyóu.

(2) 她想跟父母商量一下。
Tā xiǎng gēn fùmǔ shāngliang yíxià.
＊商量：相談する

(3) 这个跟那个一样。
Zhèige gēn nèige yíyàng.
＊一样：同じである

 即練習　次の文を中国語に直しましょう。

❶ 将来あなたはどんな仕事をしたいですか。

_____

❷ 私たちは先生に中国語を習います。

_____

1 イラストの語句を使って、下線部を置き換え練習しましょう。 027

1

棒球选手
bàngqiú xuǎnshǒu

2

厨师
chúshī

3

科学家
kēxuéjiā

(1) A： 将来你想当什么？
Jiānglái nǐ xiǎng dāng shénme?

B： 我想当<u>教师</u>。/ 我还不知道。
Wǒ xiǎng dāng jiàoshī. / Wǒ hái bù zhīdào.

※知道：知る、分かる

4

纽约　莫斯科
Niǔyuē　Mòsīkē

5

欧洲　非洲
Ōuzhōu　Fēizhōu

6
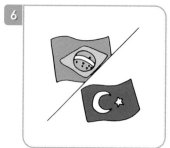
巴西　土耳其
Bāxī　Tǔ'ěrqí

(2) A： 你们的日程定了吗？
Nǐmen de rìchéng dìngle ma?

B： 定了。　先去<u>东京</u>，然后去<u>大阪</u>。
Dìng le.　Xiān qù Dōngjīng, ránhòu qù Dàbǎn.

C： 还没定。
Hái méi dìng.

028

一课一成语 yí kè yì chéngyǔ　　1課に1つの四字熟語を覚えましょう！

塞翁失马 sài wēng shī mǎ （塞翁が馬）禍福は予測できず、災い転じて福となる。

2 役を分担して会話をしてみましょう。

(1) A：阿部说应该做一个什么？

     B：_____

(2) A：阿部的朋友们想先在哪儿观光？

     B：_____

(3) A：除了东京、京都和大阪，他们还想去哪儿？

     B：_____

3 中国語の発音を聞いて、語句を書き取りましょう。　🔊 029

漢　字	ピンイン		漢　字	ピンイン
(1) _____	_____	(4) _____	_____
(2) _____	_____	(5) _____	_____
(3) _____	_____	(6) _____	_____

4 下記の日本語の意味になるように、語句を並べ替えましょう。

(1) 私たちと一緒に中国旅行に行きましょう。
【旅游 / 中国 / 你 / 我们 / 一起 / 去 / 跟 / 吧 / 。】

_____

(2) あなたはまずスケジュールを作って、それからみんなで検討☆します。
【大家 / 你 / 日程表 / 讨论 / 一个 / 做 / 然后 / 先 / ，/ 。】　　☆讨论 tǎolùn

_____

(3) 彼らはまず東京で観光して、それから新幹線☆で京都に行きます。
【新干线 / 他们 / 东京 / 京都 / 先 / 观光 / 在 / 然后 / 坐 / 去 / ，/ 。】
☆新干线 Xīngànxiàn

_____

030

1 音声を聞いて（　）を埋め、さらに通訳してみましょう。

(1) 将来我想当（　　　　　　　　），还没跟父母商量。

(2) 将来他想当（　　　　　　　　），他父母都赞成。

(3) 将来她想去（　　　　　　　）工作，她父母不同意。

2 空欄を埋めて、日本語に訳してみましょう。

(1) 我们（　　　　）做一个详细的旅游日程表，（　　　　）浪费时间。

日本語訳 ....

(2) 他（　　　　）他爸爸一样，（　　　　）当棒球选手。

日本語訳 ....

(3) 他们想（　　　　）在亚洲考察，（　　　　）去欧洲。　　＊亚洲 Yàzhōu：アジア

日本語訳 ....

3 次の日本語を中国語に訳しましょう。

(1) みんなと一緒にいて、嬉しいです。

....

(2) おもしろい観光スポットをたくさん紹介してください。

....

(3) 日程はこのように決めたらどうですか。

....

第 4 课

Dì sì kè

在迪士尼乐园

Zài Díshìní Lèyuán

本文 劉佳さんたちはディズニーランドに来た。 031

刘佳： 哇！ 迪士尼乐园真漂亮！
Wā! Díshìní Lèyuán zhēn piàoliang!

朋友A： 我最喜欢童话般的地方。
Wǒ zuì xǐhuan tónghuà bān de dìfang.

朋友B： 是啊。 米老鼠、唐老鸭多浪漫啊。
Shì a. Mǐlǎoshǔ、 Tánglǎoyā duō làngmàn a.

刘佳： 太美了， 让人流连忘返。
Tài měi le, ràng rén liú lián wàng fǎn.

阿部： 诶，你去过上海的迪士尼乐园吗？
Éi, nǐ qùguo Shànghǎi de Díshìní Lèyuán ma?

刘佳： 去过。 不过香港的还没去过。
Qùguo. Búguò Xiānggǎng de hái méi qùguo.

阿部： 边走边说吧， 一会儿那边有パレード。
Biān zǒu biān shuō ba, yíhuìr nèibiān yǒu パレード.

刘佳： 是盛装游行吗？
Shì shèngzhuāng yóuxíng ma?

阿部： 对，非常盛大。
Duì, fēicháng shèngdà.

刘佳： 好兴奋啊！ 晚上还可以看烟花。
Hǎo xīngfèn a! Wǎnshang hái kěyǐ kàn yānhuā.

新出語句 032

❶ 迪士尼乐园 Díshìní Lèyuán 名ディズニーランド
❷ 哇 wā 感ああ、わあ
❸ 漂亮 piàoliang 形綺麗である
❹ 般 bān 助〜のような(に)
❺ 地方 dìfang 名ところ、場所
❻ 米老鼠 Mǐlǎoshǔ 名ミッキーマウス
❼ 唐老鸭 Tánglǎoyā 名ドナルドダック
❽ 多〜啊 duō〜a なんと〜だろう
❾ 浪漫 làngmàn 形ロマンチックである
❿ 流连忘返 liú lián wàng fǎn
　　 成名残惜しく帰るのを忘れるほどである
⓫ 一会儿 yíhuìr 数量まもなく、しばらく
⓬ 那边 nàbiān(nèibiān) 代あちら、そちら
⓭ 好 hǎo 副ものすごく、とても
⓮ 兴奋 xīngfèn 形興奮している、わくわくする
⓯ 烟花 yānhuā 名花火

27

033

 1 使役文　主語＋"让"／"请"＋人＋動詞　「Aに～させる（してもらう）、Aに～するように言う」

"请"は"让"より丁寧な言い方である。

(1) 老师让我们背课文。
Lǎoshī ràng wǒmen bèi kèwén.
＊背课文：教科書の本文を暗記する

(2) 校长请学生家长来学校。
Xiàozhǎng qǐng xuésheng jiāzhǎng lái xuéxiào.
＊家长：（生徒の）保護者

(3) 我妈妈不让爸爸抽烟。　💡否定詞は"让"の前に置く。
Wǒ māma bú ràng bàba chōuyān.

 034

 2 動態助詞"过"　主語＋動詞＋"过"（＋目的語）　「～したことがある」

"过"は動詞の後に置いて、過去の経験を表わす。否定文は"没（有）"を用いる。

(1) 他们都去过中国。
Tāmen dōu qùguo Zhōngguó.

(2) 我没经历过这样的灾害。
Wǒ méi jīnglìguo zhèyàng de zāihài.
＊经历：経験する

(3) 你们吃过日本的拉面吗?
Nǐmen chīguo Rìběn de lāmiàn ma?

我吃过，很好吃。
Wǒ chīguo, hěn hǎochī.

我还没吃过。
Wǒ hái méi chīguo.

 即練習　次の文を中国語に直しましょう。

❶ 私は中国に行ったことがありません。

_____

❷ 先生は私たちに課文を3回読む☆ように言いました。
☆念 niàn

_____

"的" 構文 「～の物、～の人」

構造助詞"的"は名詞・形容詞・動詞・代名詞などの後につけ、名詞の代わりをする。

(1) 这本书是谁的？　➡　是我的。
　　Zhèi běn shū shì shéi de?　　Shì wǒ de.

(2) 我是国际大学的。
　　Wǒ shì Guójì Dàxué de.

(3) 这个太小了，我要那个大的。　　＊要：ほしい、ください
　　Zhèige tài xiǎo le, wǒ yào nèige dà de.

複文 "(一)边A，(一)边B" 「Aしながら，Bする」

(1) 我们边吃边谈好吗？　　＊谈：話す、語る
　　Wǒmen biān chī biān tán hǎo ma?

(2) 我姐姐喜欢一边看书，一边听音乐。
　　Wǒ jiějie xǐhuan yìbiān kàn shū, yìbiān tīng yīnyuè.

(3) 日本人一边喝酒，一边观赏樱花。　　＊观赏：観賞する
　　Rìběnrén yìbiān hē jiǔ, yìbiān guānshǎng yīnghuā.

 即練習　次の文を中国語に直しましょう。

❶ この本は私のではなく、先生のです。

――――――――――――――――――――――――――――――――――

❷ 私はジョギングをしながら音楽を聞きます。

――――――――――――――――――――――――――――――――――

1 イラストの語句を使って、下線部を置き換え練習しましょう。 037

我妈妈　　做家务
　　　　　zuò jiāwù

我爸爸　　喝咖啡
　　　　　hē kāfēi

我　　做作业
　　　zuò zuòyè

(1)　A: 我喜欢一边看书，一边听音乐。
　　　　Wǒ xǐhuan yìbiān kàn shū, yìbiān tīng yīnyuè.

　　　B: 我也喜欢一边看书，一边听音乐。
　　　　Wǒ yě xǐhuan yìbiān kàn shū, yìbiān tīng yīnyuè.

医生　　爸爸　　喝酒
yīshēng

妈妈　　你　　骑摩托车
　　　　　　　qí mótuōchē

老师　　学生们　　打扫教室
　　　　　　　　　dǎsǎo jiàoshì

(2)　A: 你父母让你去留学吗？
　　　　Nǐ fùmǔ ràng nǐ qù liúxué ma?

　　　B: 我父母让我去留学。
　　　　Wǒ fùmǔ ràng wǒ qù liúxué.

　　　C: 我父母不让我去留学。
　　　　Wǒ fùmǔ bú ràng wǒ qù liúxué.

038

一课一成语 yí kè yì chéngyǔ　　　　1課に1つの四字熟語を覚えましょう！

　　しめんそか
四面楚歌 sì miàn chǔ gē　周囲がみな敵や反対者ばかりで、助けがなく孤立している。

2 次の質問に自身のことを答えてみましょう。

(1) A: 你去过迪士尼乐园吗？

　　B: _____

(2) A: 米老鼠和唐老鸭，你喜欢哪个？

　　B: _____

(3) A: 你是哪个大学的？

　　B: _____

3 中国語の発音を聞いて、語句を書き取りましょう。　　🔊 039

漢　字	ピンイン		漢　字	ピンイン
(1)	....	(4)	....	....
(2)	....	(5)	....	....
(3)	....	(6)	....	....

4 下記の日本語の意味になるように、語句を並べ替えましょう。

(1) 学長は卒業生を学校に招いて講演をしてもらいます。
【 毕业生 / 学校 / 来 / 校长 / 讲演 / 请 / 。】

_____

(2) 大学は学生に教室で煙草を吸わせません。
【 教室 / 大学 / 抽烟 / 不 / 在 / 学生 / 让 / 。】

_____

(3) 我が家はテレビ☆を見ながら夕飯を食べるのが好きです。
【 一边 / 一边 / 晚饭 / 电视 / 我们 / 看 / 吃 / 家 / 喜欢 / , / 。】　☆电视 diànshì

_____

4

040

1 音声を聞いて（　）を埋め、さらに通訳してみましょう。

(1) 妈妈喜欢一边（　　　　　　　），一边听音乐。

(2) 爸爸喜欢一边听音乐，一边（　　　　　　　）。

(3) 我们喜欢一边（　　　　　　　），一边听音乐。

2 空欄を埋めて、日本語に訳してみましょう。

(1) 你吃（　　　）北京烤鸭吗？ ⇒ 我还（　　　）吃过。

＊北京烤鸭 Běijīng kǎoyā：北京ダック

日本語訳 ....

(2) 迪士尼乐园多浪漫（　　　），（　　　）人流连忘返。

日本語訳 ....

(3) 我妈妈不（　　　）我（　　　）看电视，（　　　）做作业。

日本語訳 ....

3 次の日本語を中国語に訳しましょう。

(1) 私たちは歩きながらお話をしましょう。

....

(2) まもなくあちらでパレードがあります。

....

(3) 私は童話のようなところが大好きです。

....

第 **5** 课 欢迎光临
Dì wǔ kè
Huānyíng guānglín

本文 阿部さんがアルバイトしている料理店の入り口。観光客が戸惑っているようだ。

🔊 041

阿部： 欢迎光临！
Huānyíng guānglín!

游客A： 请问，这儿可以用汉语点菜吗？
Qǐngwèn, zhèr kěyǐ yòng Hànyǔ diǎncài ma?

阿部： 没问题，里边儿请。
Méi wèntí, lǐbianr qǐng.

游客A： 别站着了，我们进去吧。
Bié zhànzhe le, wǒmen jìnqu ba.

阿部： 这是中文菜单，请点菜。
Zhè shì Zhōngwén càidān, qǐng diǎncài.

游客B： 来一个生鱼片、两个寿司、三杯啤酒……
Lái yí ge shēngyúpiàn、 liǎng ge shòusī、 sān bēi píjiǔ ……

游客A： 你们的招牌菜是什么？
Nǐmen de zhāopáicài shì shénme?

阿部： 汉堡肉饼。 既便宜，又好吃。
Hànbǎo ròubǐng. Jì piányi, yòu hǎochī.

游客A： 那就再要一个汉堡肉饼套餐。
Nà jiù zài yào yí ge hànbǎo ròubǐng tàocān.

阿部： 好的。 现在比较忙，上菜要等一会儿。
Hǎo de. Xiànzài bǐjiào máng, shàngcài yào děng yíhuìr.

新出語句

🔊 042

1 欢迎光临 huānyíng guānglín いらっしゃいませ
2 游客 yóukè 名 観光客
3 点菜 diǎncài 動 料理を注文する
4 里边儿 lǐbianr 方位 中、奥
5 站 zhàn 動 立つ
6 进去 jìnqu フ 中に入る、入って行く
7 菜单 càidān 名 メニュー
8 来 lái 動 よこす、ください

9 啤酒 píjiǔ 名 ビール
10 招牌菜 zhāopáicài 名 看板料理
11 汉堡肉饼 hànbǎo ròubǐng 名 ハンバーグ
12 便宜 piányi 形 （値段が）安い
13 再 zài 副 また、さらに
14 套餐 tàocān 名 定食．セットメニュー
15 上菜 shàngcài 動 料理を出す、料理を運ぶ

043

 禁止を表わす"别"と"不要"「～するな、～しないで」

(1) 别担心，这里有汉语服务。　　　　＊担心：心配する　＊服务：サービス（する）
Bié dānxīn, zhèli yǒu Hànyǔ fúwù.

(2) 上课的时候不要睡觉。　　　　＊上课的时候：授業中
Shàngkè de shíhou búyào shuìjiào.

(3) 你们别去，太危险了。
Nǐmen bié qù, tài wēixiǎn le.

 044

 動態助詞"着"　主語＋動詞＋"着"（＋目的語）　「～している、してある」

"着"は動作や状態の持続、方式を表わす。否定文は"没（有）"を用いる。

(1) 学生们都坐着，老师站着。
Xuéshengmen dōu zuòzhe, lǎoshī zhànzhe.

(2) 我爸爸每天走着去公司。　　　　＊公司：会社
Wǒ bàba měi tiān zǒuzhe qù gōngsī.

(3) 教室的窗户开着吗?　　→ 开着。　　＊窗户：窓
Jiàoshì de chuānghu kāizhe ma?　　Kāizhe.

没开着。
Méi kāizhe.

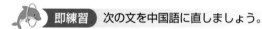 **即練習** 次の文を中国語に直しましょう。

❶ 授業中におしゃべり☆をしてはいけません。　　　☆说话 shuōhuà

....

❷ あなたたちは歩いて学校に行きますか。

....

34

3 複文 "既Ａ，又Ｂ" 「Ａでもあれば，Ｂでもある、Ａの上にＢだ」

(1) 他既是作家，又是企业家。
Tā jì shì zuòjiā, yòu shì qǐyèjiā.

(2) 我们既会说英语，又会说汉语。
Wǒmen jì huì shuō Yīngyǔ, yòu huì shuō Hànyǔ.

(3) 日本的电车既快又准时。　　　　　　　　　　＊快：早い　＊准时：定刻である
Rìběn de diànchē jì kuài yòu zhǔnshí.

4 助動詞 "要"　① 「〜しなければならない、〜する必要がある」
　　　　　　　　② 強い願望 「〜したい」

否定の場合は普通、①は "不用" で、②は "不想" で表わす。

(1) 明天有考试，今晚我要学习。　　　　　　　　＊考试：試験（をする）
Míngtiān yǒu kǎoshì, jīnwǎn wǒ yào xuéxí.

(2) 我们要不要休息一下？　➡　不用休息。　　　＊休息：休憩する
Wǒmen yào bu yào xiūxi yíxià?　　Búyòng xiūxi.

(3) 你要买新电脑吗？　➡　⎰ 我要买。　　　　　＊电脑：パソコン
Nǐ yào mǎi xīn diànnǎo ma?　　　　Wǒ yào mǎi.

　　　　　　　　　　　　　　　　　我不想买。
　　　　　　　　　　　　　　　　　Wǒ bù xiǎng mǎi.

即練習 次の文を中国語に直しましょう。

❶ 彼は大学生であり、企業家でもあります。

──

❷ 今日私はレポートを書☆かなければなりません。　　　☆写报告 xiě bàogào

──

1 イラストの語句を使って、下線部を置き換え練習しましょう。 047

1

拿　玫瑰花
ná　méiguihuā

2

戴　帽子
dài　màozi

3

穿　婚纱
chuān　hūnshā

(1) A：她／他 穿着什么？
Tā chuānzhe shénme?
※穿：着る、はく

B：她／他 穿着漂亮的和服。
Tā chuānzhe piàoliang de héfú.

4

日餐　西餐
rìcān　xīcān

5

温泉　美丽的风景
wēnquán　měilì de fēngjǐng

6
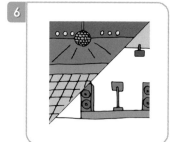
舞厅　卡拉OK厅
wǔtīng　kǎlā ok tīng

(2) A：哇！　这里真好。
Wā!　Zhèli zhēn hǎo.

B：是啊，既有山，又有湖。
Shì a, jì yǒu shān, yòu yǒu hú.

A：我们尽情享受吧。
Wǒmen jìnqíng xiǎngshòu ba.
※尽情享受：存分に楽しむ

048 **一课一成语** yí kè yì chéngyǔ　　1課に1つの四字熟語を覚えましょう！

せいてんのへきれき
青天霹雳 qīng tiān pī lì　（寝耳に水）突然に起こる変化や突発事件を指す。

2 役を分担して会話をしてみましょう。

(1) A: 请问，这儿可以用汉语点菜吗？

　　 B: ....

(2) A: 这是中文菜单，请点菜。

　　 B: ....

(3) A: 你们的招牌菜是什么？

　　 B: ....

3 中国語の発音を聞いて、語句を書き取りましょう。　　　　　　　　🔊 049

漢　字	ピンイン		漢　字	ピンイン
(1)	....	(4)	....
(2)	....	(5)	....
(3)	....	(6)	....

4 下記の日本語の意味になるように、語句を並べ替えましょう。

(1) ここの服☆は綺麗で、安いです。
　　【衣服 / 便宜 / 这里 / 又 / 的 / 漂亮 / 既 / 。】　　　　　　☆衣服 yīfu

　　..

(2) みなさん、今日の宿題を忘れ☆ないでね。　　　　　　　　　　☆忘 wàng
　　【作业 / 今天 / 同学们 / 忘了 / 不要 / 的 / 。】

　　..

(3) 姉は綺麗な帽子をかぶって旅行に行きました。
　　【姐姐 / 戴着 / 旅游 / 漂亮 / 了 / 的 / 去 / 帽子 / 。】

　　..

🔊 050

1 音声を聞いて（　　）を埋め、さらに通訳してみましょう。

(1) 妈妈（　　　　　　　）着漂亮的帽子。

(2) 妹妹（　　　　　　　）着漂亮的婚纱。

(3) 哥哥（　　　　　　　　）着漂亮的玫瑰花。

2 空欄を埋めて、日本語に訳してみましょう。

(1) 这里的套餐（　　　　）好吃，（　　　　）不太贵。

　　日本語訳 _____

(2) 上课的时候（　　　　）玩儿手机，也（　　　　）睡觉。　＊玩儿 wánr：遊ぶ、いじる

　　日本語訳 _____

(3) 你（　　　　）买自行车吗？ ⇒ 不，我不（　　　　）买。

　　日本語訳 _____

3 次の日本語を中国語に訳しましょう。

(1) いらっしゃいませ。中へどうぞ。

_____

(2) 今はわりと忙しいので、料理をお出しするまでしばらくお待ちください。

_____

(3) もう立っていないで、私たち中に入りましょう。

_____

第 **6** 课 就职面试

Dì liù kè

Jiùzhí miànshì

本文 阿部さんは中国語での面接を受けている。 🔊 051

公司A： 请你自我介绍一下。
Qǐng nǐ zìwǒ jièshào yíxià.

阿部： 我叫阿部龙，我的专业是经营学。
Wǒ jiào Ābù Lóng,　wǒ de zhuānyè shì jīngyíngxué.

公司A： 你为什么想在我们公司就职？
Nǐ wèi shénme xiǎng zài wǒmen gōngsī jiùzhí?

阿部： 因为我喜欢贵公司的工作。……
Yīnwèi wǒ xǐhuan guì gōngsī de gōngzuò. ……

公司A： 噢，还有要补充的吗？
Ō,　háiyǒu yào bǔchōng de ma?

阿部： 我很想发挥自己的汉语特长。
Wǒ hěn xiǎng fāhuī zìjǐ de Hànyǔ tècháng.

公司A： 将来如果派你去中国工作，你愿意吗？
Jiānglái rúguǒ pài nǐ qù Zhōngguó gōngzuò,　nǐ yuànyì ma?

阿部： 非常愿意。 我喜欢体验异国文化。
Fēicháng yuànyì.　Wǒ xǐhuan tǐyàn yìguó wénhuà.

公司A： 你有汉语水平考试证书吗？
Nǐ yǒu Hànyǔ Shuǐpíng Kǎoshì zhèngshū ma?

阿部： 有。已经通过了三级。
Yǒu.　Yǐjīng tōngguòle sānjí.

新出語句 🔊 052

① 面试 miànshì 〔名〕·〔動〕面接試験（をする／受ける）
② 专业 zhuānyè 〔名〕専攻
③ 为什么 wèi shénme 〔フ〕どうして、なぜ
④ 贵公司 guì gōngsī 〔名〕貴社
⑤ 噢 ō 〔感〕（理解や了解の気持ち）ああ、そうか
⑥ 还有 háiyǒu 〔接〕それから、その上
⑦ 补充 bǔchōng 〔動〕補充する、補足する
⑧ 发挥 fāhuī 〔動〕発揮する
⑨ 自己 zìjǐ 〔代〕自分、自己
⑩ 派 pài 〔動〕派遣する、任命する
⑪ 愿意 yuànyì 〔助動〕（心から）したいと思う、希望する
⑫ 体验 tǐyàn 〔動〕体験する、経験する
⑬ 汉语水平考试 Hànyǔ Shuǐpíng Kǎoshì
〔名〕中国語検定試験の一種、略してHSKと言う。
⑭ 已经 yǐjīng 〔副〕もう、すでに
⑮ 通过 tōngguò 〔動〕通過する、通る

053

1 複文"因为Ａ，所以Ｂ" 「Ａなので，(だから) Ｂだ」

"因为"、"所以"どちらか一方を省略することができる。

⑴ 因为下大雪，所以飞机晚点了。
Yīnwèi xià dàxuě, suǒyǐ fēijī wǎndiǎn le.

⑵ 因为电车晚点，我迟到了。　　　　　＊迟到：遅刻する
Yīnwèi diànchē wǎndiǎn, wǒ chídào le.

⑶ 昨天我不舒服，所以没去学校。　　　＊不舒服：具合が悪い
Zuótiān wǒ bù shūfu, suǒyǐ méi qù xuéxiào.

 054

2 仮定を表わす"如果～(的话)" 「もし～ならば」

⑴ 如果大家没有意见，就这样定了。
Rúguǒ dàjiā méiyǒu yìjiàn, jiù zhèyàng dìng le.

⑵ 如果不下雨的话，可以骑自行车去。
Rúguǒ bú xià yǔ de huà, kěyǐ qí zìxíngchē qù.

⑶ 如果你不愿意去，不要勉强。　　　　＊勉强：無理をする
Rúguǒ nǐ bú yuànyì qù, búyào miǎnqiǎng.

 即練習 次の文を中国語に直しましょう。

❶ もしあなたが行くならば、私も行きます。

……………………………………………………………………………

❷ 大雨のため、電車が遅れました。

……………………………………………………………………………

3 兼語文

一つの文の中に二つの動詞（或いはフレーズ）があり、第1の動詞の目的語が第2の動詞の主語になっている文を兼語文と言う。

(1) 公司派 他 去中国。
Gōngsī pài tā qù Zhōngguó.

🔔 他 は第1動詞"派"の目的語であり、第2動詞"去"の主語を兼ねる兼語。

(2) 今晚我请 你 吃饭。　　　　　　　　　　　*请：招待する、おごる
Jīnwǎn wǒ qǐng nǐ chīfàn.

(3) 公司不派 我 去中国。　💡 否定詞は第一動詞の前に置く。
Gōngsī bú pài wǒ qù Zhōngguó.

🔊 056

4 動態助詞"了"　主語＋動詞＋"了"＋目的語　「～した」

"了"は動詞の後に置かれ、動作や行為の完了を表わす。否定文は"没（有）"を用いる。

(1) 他买了一件 T 恤衫。　　　　　　　　　*T恤衫：Tシャツ
Tā mǎile yí jiàn Txùshān.

(2) 吃了午饭，我们去卡拉 OK 厅吧。　💡 未来（仮定）のことも表わすことができる。
Chīle wǔfàn, wǒmen qù kǎlā ok tīng ba.

(3) 昨天因为发高烧，她没来公司。　💡 "了"をつけない。
Zuótiān yīnwèi fā gāoshāo, tā méi lái gōngsī.　　*发高烧：高い熱を出す

 即練習　次の文を中国語に直しましょう。

❶ 私は大学の食堂☆で昼ご飯を食べました。　　　　　☆食堂 shítáng

❷ 今晚先輩は私たちに食事をごちそうしてくれます。

1 イラストの語句を使って、下線部を置き換え練習しましょう。　🔊 057

1

没来上课　感冒了
shàngkè　gǎnmào

2

迟到　起床晚了
qǐchuáng wǎn

3

没交论文　没写完
jiāo lùnwén　xiěwán

(1) A: 你为什么来晚了？　　　　　　　　　　　　　　＊来晚：遅れてくる
　　　Nǐ wèi shénme láiwǎn le?

　　B: 对不起，因为电车晚点了。
　　　Duìbuqǐ, yīnwèi diànchē wǎndiǎn le.

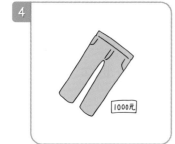

4

一条　牛仔裤　一千
yì tiáo　niúzǎikù　yìqiān

1000元

5

一双　皮鞋　四百七十
yì shuāng　píxié　sìbǎi qīshí

470元

6

一台　电脑　一万三千
yì tái　diànnǎo　yíwàn sānqiān

13000元

(2) A: 我买了一件 T 恤衫。
　　　Wǒ mǎile yí jiàn Txùshān.

　　B: 多少钱？
　　　Duōshao qián?

　　A: 一百六十块。　　　　　　　　　　　　　　　　＊块："元 yuán"の口語
　　　Yìbǎi liùshí kuài.

🔊 058

一课一成语 yí kè yì chéngyǔ　　　　　1課に1つの四字熟語を覚えましょう！

沧海桑田 cāng hǎi sāng tián　（滄桑の変）世の移り変わりの激しいこと。

2 次の質問に自身のことを答えてみましょう。

(1) A: 请你自我介绍一下。

   B: ＿＿＿＿＿＿＿＿＿＿＿＿＿＿＿＿＿＿＿＿＿＿＿＿＿＿

(2) A: 你为什么想在我们公司就职？

   B: ＿＿＿＿＿＿＿＿＿＿＿＿＿＿＿＿＿＿＿＿＿＿＿＿＿＿

(3) A: 你有汉语水平考试证书吗？

   B: ＿＿＿＿＿＿＿＿＿＿＿＿＿＿＿＿＿＿＿＿＿＿＿＿＿＿

3 中国語の発音を聞いて、語句を書き取りましょう。　🔊 059

漢　字	ピンイン		漢　字	ピンイン
(1) ＿＿＿	＿＿＿＿	(4) ＿＿＿	＿＿＿＿	
(2) ＿＿＿	＿＿＿＿	(5) ＿＿＿	＿＿＿＿	
(3) ＿＿＿	＿＿＿＿	(6) ＿＿＿	＿＿＿＿	

4 下記の日本語の意味になるように、語句を並べ替えましょう。

(1) もし雪が降らなかったら、私たちは車で行くこともできます。
【我们 / 下雪 / 如果 / 可以 / 不 / 去 / 开车 / 的话 / 也 / ， / 。】

＿＿＿＿＿＿＿＿＿＿＿＿＿＿＿＿＿＿＿＿＿＿＿＿＿＿＿＿＿＿

(2) 会社は彼を中国に派遣して働かせたいと考えています。
【中国 / 他 / 公司 / 想 / 工作 / 派 / 去 / 。】

＿＿＿＿＿＿＿＿＿＿＿＿＿＿＿＿＿＿＿＿＿＿＿＿＿＿＿＿＿＿

(3) 昨日は具合が悪かったので、授業に出ませんでした。
【因为 / 所以 / 昨天 / 舒服 / 上课 / 我 / 不 / 没去 / ， / 。】

＿＿＿＿＿＿＿＿＿＿＿＿＿＿＿＿＿＿＿＿＿＿＿＿＿＿＿＿＿＿

🔊 060

1 音声を聞いて（　　　）を埋め、さらに通訳してみましょう。

(1) 他（　　　　　　　　）了，所以没来上课。

(2) 他因为（　　　　　　　　），所以迟到了。

(3) 因为（　　　　　　　　），所以我们迟到了。

2 空欄を埋めて、日本語に訳してみましょう。

(1) （　　　　　）有时间的话，今晚我想（　　　　　）你吃饭。

日本語訳 _____

(2) 他（　　　　　）汉语很好，（　　　　　）想在中国公司工作。

日本語訳 _____

(3) 阿部非常（　　　　　）去中国工作，（　　　　　）他喜欢体验异国文化。

日本語訳 _____

3 次の日本語を中国語に訳しましょう。

(1) 彼は自分の中国語の特長を発揮したいと思っています。

_____

(2) 阿部さんは中国語検定証書を持っています。

_____

(3) あなたはどうして弊社☆で仕事をしたいのですか。　　　　　☆敝公司 bì gōngsī

_____

第 **7** 课 去富士山
Dì qī kè

Qù Fùshìshān

本文　阿部さんは劉佳さん一行を連れて電車で富士山に向かっている。 061

刘佳：　昨天的面试，怎么样？
　　　　Zuótiān de miànshì,　zěnmeyàng?

阿部：　我特紧张，准备好的汉语忘了很多。
　　　　Wǒ tè jǐnzhāng,　zhǔnbèihǎo de Hànyǔ wàngle hěn duō.

刘佳：　最后那家公司是怎么说的？
　　　　Zuìhòu nèi jiā gōngsī shì zěnme shuō de?

阿部：　他们说：回去等通知吧。
　　　　Tāmen shuō:　Huíqu děng tōngzhī ba.

刘佳：　我觉得很有希望。
　　　　Wǒ juéde hěn yǒu xīwàng.

朋友B：大家快看窗外，富士山！
　　　　Dàjiā kuài kàn chuāng wài,　Fùshìshān!

朋友A：富士山有多高？
　　　　Fùshìshān yǒu duō gāo?

阿部：　海拔 3776 米，　比泰山高。
　　　　Hǎibá sānqiān qībǎi qīshiliù mǐ,　bǐ Tàishān gāo.

朋友A：富士山越来越近了。　快到站了吧？
　　　　Fùshìshān yuèláiyuè jìn le.　Kuài dào zhàn le ba?

阿部：　是的。　大家把携带的行李收拾一下，准备下车。
　　　　Shì de.　Dàjiā bǎ xiédài de xíngli shōushi yíxià,　zhǔnbèi xiàchē.

新出語句 062

❶ 特 tè　圖すごく、とても
❷ 家 jiā　圖（商店や企業などを数える）軒
❸ 回 huí　圖帰る、戻る
❹ 觉得 juéde　圖〜と思う、〜と感じる
❺ 希望 xīwàng　图・圖望み(む)、希望(する)
❻ 快 kuài　圖はやく
❼ 窗外 chuāng wài　ワ窓の外

❽ 多高 duō gāo　ワどれくらいの高さ
❾ 米 mǐ　圖メートル
❿ 泰山 Tàishān
　　图泰山(山东省にある中国の名山。標高 1545 m)
⓫ 站 zhàn　图駅、停留所
⓬ 越来越 yuèláiyuè　慣ますます〜だ
⓭ 收拾 shōushi　圖かたづける、収拾する

063

 Point 1 "是〜的"構文　主語＋動詞＋("是")＋時間や手段など＋動詞＋"的"
「〜したのです」

既に実現し、完了した事柄について、「いつ」、「どこで」、「どのように」、「どういう目的」「誰が」などを説明する時に用いる。"是"は省略してもよい。

(1) 你是什么时候去的？
Nǐ shì shénme shíhou qù de?
＊什么时候：いつ、いつごろ

(2) 你在哪儿学的汉语？／你在哪儿学汉语的？
Nǐ zài nǎr xué de Hànyǔ?
💡 目的語がある場合、"的"を目的語の前にも後ろにも置くことができる。

(3) 你是怎么来的？　➡　我坐地铁来的。
Nǐ shì zěnme lái de?　　Wǒ zuò dìtiě lái de.

(4) 我不是坐地铁来的。
Wǒ bú shì zuò dìtiě lái de.
💡 否定文の場合、"是"の省略はできない。

064

Point 2 "快〜了"〔もうすぐ〔じきに〕〜となる〔だ〕〕

または"快要〜了""要〜了"とも言う。

(1) 快到校园节了。
Kuài dào xiàoyuánjié le.
＊校园节：学園祭

(2) 快要放暑假了，你想去旅游吗？
Kuàiyào fàng shǔjià le, nǐ xiǎng qù lǚyóu ma?
＊放暑假：夏休みに入る

(3) 快期末考试了，大家都在复习。
Kuài qīmò kǎoshì le, dàjiā dōu zài fùxí.

🐬 **即練習**　次の文を中国語に直しましょう。

❶ 私は大学で中国語を習ったのです。

❷ もうすぐ冬休み☆です。私はスキーに行きたいです。
☆寒假 hánjià

3 比較文 "A 比 B 〜" 「A は B より〜だ」

(1) 今年冬天比去年暖和。　　　　　　　　　　　　　　　　　　　　＊暖和：暖かい
　　Jīnnián dōngtiān bǐ qùnián nuǎnhuo.

(2) 我比他高一点儿。　💡 量や程度の差を表わすこともできる。
　　Wǒ bǐ tā gāo yìdiǎnr.

(3) 这个比那个好。　　否定文 ➡ 这个不比那个好。
　　Zhèige bǐ nèige hǎo.　　　　　　Zhèige bù bǐ nèige hǎo.

　　　　　　　　　　　　　　　　　这个没有那个好。
　　　　　　　　　　　　　　　　　Zhèige méiyǒu nèige hǎo.

4 "把" 構文　"把" + 目的語 + 動詞 + 付加成分　「〜を (…する)」

　目的語を強調したい時、或いは目的語となっている人や事物に対する処置・影響を表わす場合、介詞 "把" を用いて目的語を動詞の前に置くことができる。動詞の後に必ず補語や動態助詞の "着" "了" など付加成分をつける。

(1) 我们把房间打扫一下吧。
　　Wǒmen bǎ fángjiān dǎsǎo yíxià ba.

(2) 他把钱包丢了。　💡 被害やマイナスのことにも使われる。
　　Tā bǎ qiánbāo diū le.　　　　　　　　　　　　　　　　　　　　＊丢：なくす、失う

(3) 他们没把今天的工作做完。　💡 否定詞は "把" の前に置く。
　　Tāmen méi bǎ jīntiān de gōngzuò zuòwán.

🐬 **即練習** 次の文を中国語に直しましょう。

❶ 今年の冬は去年ほど暖かくありません。

_____

❷ 日曜日☆、私は論文を書き終えました。（"把" 構文を用いて）　　☆星期天 xīngqītiān

_____

1 イラストの語句を使って、下線部を置き換え練習しましょう。　 067

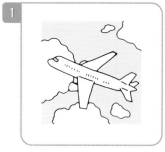

1
坐飞机
zuò fēijī

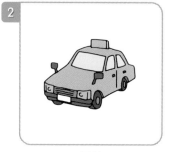

2
打的
dǎdī

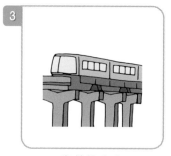

3
坐单轨电车
zuò dānguǐ diànchē

⑴　A：你是怎么去的？
　　　　Nǐ shì zěnme qù de?

　　　B：我是坐地铁去的。
　　　　Wǒ shì zuò dìtiě qù de.

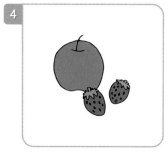

4
草莓　苹果　贵
cǎoméi　píngguǒ　guì

5
意大利面　比萨饼　好吃
Yìdàlìmiàn　bǐsàbǐng　hǎochī

6
日本清酒　绍兴酒　好喝
Rìběnqīngjiǔ　shàoxīngjiǔ　hǎohē

⑵　A：这个比那个便宜。
　　　　Zhèige bǐ nèige piányi.

　　　B：这个没有那个便宜。
　　　　Zhèige méiyǒu nèige piányi.

　　　C：这个不比那个便宜。
　　　　Zhèige bù bǐ nèige piányi.

068

一课一成语 yí kè yì chéngyǔ　　　　1課に1つの四字熟語を覚えましょう！

杞人忧天 qǐ rén yōu tiān　（杞人の憂い／杞憂）あれこれと無用の心配をする。

2 役を分担して会話をしてみましょう。

(1) A： 阿部昨天的面试怎么样？

B： ....

(2) A： 最后那家公司是怎么说的？

B： ....

(3) A： 富士山有多高？

B： ....

3 中国語の発音を聞いて、語句を書き取りましょう。　　　　　　🔊 069

漢字	ピンイン		漢字	ピンイン
(1)		(4) ....
(2)		(5) ....
(3)		(6) ....

4 下記の日本語の意味になるように、語句を並べ替えましょう。

(1) 彼らは日本に留学に来たのです。
【 留学 / 他们 / 的 / 日本 / 来 / 是 / 。】

....

(2) お母さんは私に部屋☆を少し掃除するように言っていました。
【 房间 / 一下 / 把 / 我 / 打扫 / 妈妈 / 让 / 。】
　　　　　　　　　　　　　　　　　　　　　　　　　　☆房间 fángjiān

....

(3) 彼女はちゃんと準備した中国語を全部忘れてしまいました。
【 忘 / 她 / 汉语 / 把 / 都 / 准备 / 好 / 的 / 了 / 。】

....

◀)) 070

1 音声を聞いて（　）を埋め、さらに通訳してみましょう。

(1) 你觉得日本清酒比绍兴酒（　　　　　）吗？

(2) 我觉得意大利面没有（　　　　　）好吃。

(3) 我们都觉得这个比那个（　　　　　）很多。

2 空欄を埋めて、日本語に訳してみましょう。

(1) （　　　）到站了，大家（　　　）携带的行李收拾好。

日本語訳 _____

(2) 阿部他们（　　　）坐电车去富士山（　　　）。

日本語訳 _____

(3) 泰山海拔一千五百四十五（　　　），（　　　）富士山高。

日本語訳 _____

3 次の日本語を中国語に訳しましょう。

(1) 私はとても望みがあると思います。

_____

(2) 富士山がますます近くなってきました。

_____

(3) あの会社から帰って通知を待つように言われました。

_____

第 **8** 课 给医生当翻译
Dì bā kè

Gěi yīshēng dāng fānyì

本文 阿部さんの携帯に電話が入ってきた。 ◀))) 071

朋友A： 喂！ 阿部，佳佳突然发高烧了！
Wéi! Ābù, Jiājia tūrán fā gāoshāo le!

阿部： 我马上带她去医院。
Wǒ mǎshàng dài tā qù yīyuàn.

★病院で。

医生： 患者哪儿不舒服？
Huànzhě nǎr bù shūfu?

阿部： 她说：浑身发冷，嗓子疼。
Tā shuō: Húnshēn fālěng, sǎngzi téng.

朋友A： 阿部，大夫说是什么病啊？
Ābù, dàifu shuō shì shénme bìng a?

阿部： 急性扁桃腺炎，但是不要紧。
Jíxìng biǎntáoxiànyán, dànshì bú yàojǐn.

朋友A： 是吗？ 大家都别担心了。
Shì ma? Dàjiā dōu bié dānxīn le.

阿部： 大夫说：打点滴，会好得更快。
Dàifu shuō: Dǎ diǎndī, huì hǎo de gèng kuài.

朋友A： 再问问大夫，回去后要注意什么？
Zài wènwen dàifu, huíqù hòu yào zhùyì shénme?

阿部： 大夫说：要按时吃药，适当休息。
Dàifu shuō: Yào ànshí chī yào, shìdàng xiūxi.

新出語句 ◀))) 072

① 喂 wèi(wéi) 感 もしもし、おい
② 马上 mǎshàng 副 すぐ、直ちに
③ 带 dài 動 連れる、携帯する
④ 医院 yīyuàn 名 病院
⑤ 浑身发冷 húnshēn fālěng ㋺体中寒気がする
⑥ 嗓子疼 sǎngzi téng ㋺喉が痛い
⑦ 大夫 dàifu 名 医者（"医生"の口語）

⑧ 病 bìng 名 病、病気
⑨ 扁桃腺炎 biǎntáoxiànyán 名 扁桃腺炎
⑩ 不要紧 bú yàojǐn ㋺大丈夫だ、かまわない
⑪ 打点滴 dǎ diǎndī ㋺点滴注射をする
⑫ 好 hǎo 形 （病気が）治る、よくなる
⑬ 注意 zhùyì 動 注意する、気をつける
⑭ 按时 ànshí 副 時間どおりに

ポイント

◁)) 073

Point 1 主述述語文 　 主語＋述語［小主語＋小述語］ 　「〜は…が…だ」（「象は鼻が長い」）

主述述語文の述語は主語を説明し、描写したりする。

(1) 大象鼻子长。
　　Dàxiàng bízi cháng.

(2) 他女朋友个子很高。　　　　　　　　　　　　　　　　　　　　＊个子：背丈
　　Tā nǚpéngyou gèzi hěn gāo.

(3) 这件事我们都知道。　　　　　　　　　　　　　　＊件：事柄、事件などに用いる量詞
　　Zhè jiàn shì wǒmen dōu zhīdao.

◁)) 074

Point 2 複文“虽然Ａ，但是Ｂ” 「Ａではあるけれども，Ｂだ」

“但是”の他に“可是”“不过”なども用いることができる。どちらか一方を省略することも可能。

(1) 虽然我很累了，但是要把报告写完。
　　Suīrán wǒ hěn lèi le, dànshì yào bǎ bàogào xiěwán.

(2) 我们做了最大的努力，但是没能成功。
　　Wǒmen zuòle zuìdà de nǔlì, dànshì méi néng chénggōng.

(3) 虽然事先都准备好了，可是还是出了问题。　　　　　　　　　＊还是：やはり
　　Suīrán shìxiān dōu zhǔnbèihǎo le, kěshì háishi chūle wèntí.

 　即練習　次の文を中国語に直しましょう。

❶ そのことは私たちにはみな知りません。

⎯⎯⎯⎯⎯⎯⎯⎯⎯⎯⎯⎯⎯⎯⎯⎯⎯⎯⎯⎯⎯⎯⎯⎯⎯⎯⎯⎯⎯⎯⎯

❷ 私はまだ学生ではありますが、会社を設立☆したいと思います。　　☆创办 chuàngbàn

⎯⎯⎯⎯⎯⎯⎯⎯⎯⎯⎯⎯⎯⎯⎯⎯⎯⎯⎯⎯⎯⎯⎯⎯⎯⎯⎯⎯⎯⎯⎯

075

3 助動詞 "会" (2) 「〜するであろう、〜するはずだ」

可能性を推測する。文末に "的" を加えると、その可能性が高いことを強調する。

(1) 我们一定会胜利的。　　　　　　　　　　　　　　　*一定：きっと、必ず
Wǒmen yídìng huì shènglì de.

(2) 你放心，她会来的。
Nǐ fàngxīn, tā huì lái de.

(3) 今天下午会下雪吗？　➡　看样子，不会下的。　　*样子：様子、状況
Jīntiān xiàwǔ huì xià xuě ma?　　Kàn yàngzi, bú huì xià de.

 076

4 様態補語　　主語 + 動詞 / 形容詞 + "得" + 様態補語　「〜するのが…である」

様態補語は動作、行為の様態や程度を表わす。

(1) 我哥哥跑得特快。　　　　　　　　　　　　　　　*跑：走る
Wǒ gēge pǎo de tè kuài.

(2) 留学生们感动得哭了。　　　　　　　　*感动：感動する　*哭：泣く
Liúxuéshēngmen gǎndòng de kū le.

🔔 動詞に目的語が伴う場合、次のようになる。

(3)
他说汉语说得很好。　　💡 動詞を重複させる。
Tā shuō Hànyǔ shuō de hěn hǎo.

他（的）汉语说得很好。　💡 一つ目の動詞は省略できる。
Tā (de) Hànyǔ shuō de hěn hǎo.　　　"的" を入れることもできる。

 即練習　次の文を中国語に直しましょう。

❶ あなたの日本語は非常に流暢☆です。（様態補語を用いて）　　　☆流利 liúlì

⸺⸺⸺⸺⸺⸺⸺⸺⸺⸺⸺⸺⸺⸺⸺⸺

❷ 心配しないで、私たちはきっと成功するに違いません。

⸺⸺⸺⸺⸺⸺⸺⸺⸺⸺⸺⸺⸺⸺⸺⸺

1 イラストの語句を使って、下線部を置き換え練習しましょう。 077

打棒球
dǎ bàngqiú

踢足球
tī zúqiú

跳广场舞
tiào guǎngchǎngwǔ

(1) A： 他／她 乒乓球打得怎么样？
Tā pīngpāngqiú dǎ de zěnmeyàng?

B： 他／她 乒乓球打得非常好。
Tā pīngpāngqiú dǎ de fēicháng hǎo.

C： 还可以。
Hái kěyǐ.

＊还可以：まずまずよろしい、まあまあだ

拉肚子　浑身无力　38度5
lā dùzi　húnshēn wúlì

头疼　发烧　37度4
tóuténg　fāshāo

胃疼　恶心　36度9
wèi téng　ěxin

(2) A： 您哪儿不舒服？
Nín nǎr bù shūfu?

B： 我发高烧，嗓子疼。
Wǒ fā gāoshāo, sǎngzi téng.

A： 体温多少度？
Tǐwēn duōshao dù?

B： 39 度 2。
Sānshíjiǔ dù èr.

＊多少度：何度

078 **一课一成语** yí kè yì chéngyǔ　　1課に1つの四字熟語を覚えましょう！

画蛇添足 huà shé tiān zú　（蛇足）余計なものを付け加えてだめになってしまう。

2 役を分担して会話をしてみしましょう。

(1) 医生：患者哪儿不舒服？

  翻译：_____

(2) 翻译：大夫，患者是什么病？

  医生：_____

(3) 翻译：大夫，患者问回去后要注意什么？

  医生：_____

3 中国語の発音を聞いて、語句を書き取りましょう。　　　🔊 079

漢字	ピンイン	漢字	ピンイン
(1) _____	_____	(4) _____	_____
(2) _____	_____	(5) _____	_____
(3) _____	_____	(6) _____	_____

4 下記の日本語の意味になるように、語句を並べ替えましょう。

(1) 阿部さんの卓球はまずまずよろしいです。
　　【乒乓球 / 得 / 阿部 / 还可以 / 打 / 。】

　　_____

(2) 今日は雪が強いので、彼は車で来るはずがありません。
　　【很大 / 开车 / 不会 / 今天 / 雪 / 的 / 他 / 来 / , / 。】

　　_____

(3) 私は復習したけれども、試験の成績☆はあまりよくありませんでした。
　　【复习 / 成绩 / 虽然 / 考试 / 我 / 不太 / 了 / 但是 / 好 / , / 。】　　☆成绩 chéngjì

　　_____

🔊 080

1 音声を聞いて（　　）を埋め、さらに通訳してみましょう。

(1) 昨天她（　　　　　　　），发高烧，体温 39 度 1。

(2) 他嗓子疼，头也疼。体温（　　　　　　　）

(3) 早上我突然（　　　　　　　），不过不发烧。

2 空欄を埋めて、日本語に訳してみましょう。

(1) 我的中国朋友（　　　）高烧了，我马上（　　　）他去了医院。

　　日本語訳 ....

(2) 虽然她的病不要紧，（　　　）如果打点滴的话，会好（　　　）更快。

　　日本語訳 ....

(3) 医生说：爸爸的病一定（　　　）好（　　　）。

　　日本語訳 ....

3 次の日本語を中国語に訳しましょう。

(1) 彼はのどが痛くて、高熱が出ています。

　　..

(2) 帰った後、何か気をつけることはありますか。

　　..

(3) 時間どおりに薬を飲んで、適度に休むようにお医者さんから言われました。

　　..

第 9 课 在公司实习

Dì jiǔ kè

Zài gōngsī shíxí

本文 阿部さんは定期的にある会社のインターンシップに参加している。 081

阿部： 佳佳，明天我有事，不能陪你们。
Jiājia, míngtiān wǒ yǒu shì, bù néng péi nǐmen.

刘佳： 是打工，还是有约会？开玩笑啊。
Shì dǎgōng, háishi yǒu yuēhuì? Kāi wánxiào a.

阿部： 都不是。我得去一家公司实习。
Dōu bú shì. Wǒ děi qù yì jiā gōngsī shíxí.

刘佳： 是什么公司？
Shì shénme gōngsī?

阿部： 日中合资公司。
Rì-Zhōng hézī gōngsī.

★会社で。

阿部： 学长，早上好！今天我做什么工作？
Xuézhǎng, zǎoshang hǎo! Jīntiān wǒ zuò shénme gōngzuò?

学长： 这份报告书被上面返回来了，你再确认一下数据。
Zhè fèn bàogàoshū bèi shàngmiàn fǎnhuílai le, nǐ zài quèrèn yíxià shùjù.

阿部： 什么时候要？
Shénme shíhou yào?

学长： 下班前。要仔细地确认。
Xiàbān qián. Yào zǐxì de quèrèn.

阿部： 知道了。请放心，一定按时完成。
Zhīdao le. Qǐng fàngxīn, yídìng ànshí wánchéng.

 新出語句 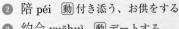 082

① 实习 shíxí 動 実習する、インターンシップ
② 陪 péi 動 付き添う、お供をする
③ 约会 yuēhuì 動 デートする
④ 开玩笑 kāi wánxiào ｸ 冗談をいう
⑤ 得 děi 助動 〜しなければならない
⑥ 早上好 zǎoshang hǎo おはよう
⑦ 份 fèn 量 （新聞や書類に用いる）部

⑧ 报告书 bàogàoshū 名 報告書
⑨ 上面 shàngmiàn 名 上司、上役
⑩ 返 fǎn 動 返す、戻す
⑪ 数据 shùjù 名 データ
⑫ 要 yào 動 要る、ほしい
⑬ 下班 xiàbān 動 退勤する、仕事が終わる
⑭ 仔细 zǐxì 形 細心である、注意深い

ポイント

083

1 選択疑問文 "(是) A，还是 B"「A ですか，それとも B ですか」

(1) 我们喝啤酒，还是喝葡萄酒？　　　　　　　　　　　　　　　※葡萄酒：ワイン
　　Wǒmen hē píjiǔ, háishi hē pútaojiǔ?

(2) 你坐飞机去，还是坐新干线去？
　　Nǐ zuò fēijī qù, háishi zuò Xīngànxiàn qù?

(3) 他们是大学生，还是高中生？　💡 "还是"の後ろの判断動詞 "是" は省略できる。
　　Tāmen shì dàxuéshēng, háishi gāozhōngshēng?

084

**2 受身文 "被～"　A（受動者）＋ "被" ＋ B（行為者）＋ 動詞 ＋ 付加成分
「A は B に〜される」**

🔔 付加成分には、補語（結果補語・方向補語・様態補語）、動態助詞 "了" "过" といったものが
含まれる。

(1) 我的自行车被朋友借去了。　　　　　　　　　　　　　　　　※借：借りる、貸す
　　Wǒ de zìxíngchē bèi péngyou jièqu le.

(2) 学生们被老师批评了。　　　　　　　　　　　　　　　　　　※批评：叱る
　　Xuéshengmen bèi lǎoshī pīpíng le.

(3) 他没被选为棒球选手。　💡 "被"の後の行為者は省略することができる。
　　Tā méi bèi xuǎnwéi bàngqiú xuǎnshǒu.　　　　　　　　　※选为：選出する

　即練習　次の文を中国語に直しましょう。

❶ あなたたちは地下鉄で行きますか、それともバスで行きますか。

・・

❷ 昨日私は先生に褒め☆られました。　　　　　　　　　　　　　☆表扬 biǎoyáng

・・

085

複合方向補語"〜回来"「〜戻ってくる、〜帰ってくる」

(1) 你想吃的都买回来了。
Nǐ xiǎng chī de dōu mǎihuílai le.

(2) 我们提交的工作报告被返回来了。
Wǒmen tíjiāo de gōngzuò bàogào bèi fǎnhuílai le.

＊提交：提出する

(3) 把你女朋友带回来，妈妈想见见。
Bǎ nǐ nǚpéngyou dàihuílai, māma xiǎng jiànjian.

＊见：会う

086

構造助詞"地"

動詞・形容詞を修飾する語句・フレーズの後ろに置かれ、連用修飾語であることを表わす。

(1) 你们仔细地检查一下。
Nǐmen zǐxì de jiǎnchá yíxià.

＊检查：点検する、調べる

(2) 太阳渐渐地升起来了。
Tàiyáng jiànjiàn de shēngqǐlai le.

＊渐渐：だんだん　＊升起来：昇ってくる

(3) 孩子们天真无邪地笑着。
Háizimen tiānzhēn wúxié de xiàozhe.

＊天真无邪：無邪気である

 即練習　次の文を中国語に直しましょう。

❶ 私たちの中国語はだんだんと上達☆しました。

☆进步 jìnbù

❷ あなたの読みたい本は全部買ってきました。

1 イラストの語句を使って、下線部を置き換え練習しましょう。　 087

1 汉语词典
cídiǎn

2 橡皮和铅笔
xiàngpí hé qiānbǐ

3 听课笔记
tīngkè bǐjì

(1)　A：把你的<u>自行车</u>借我一下。
　　　Bǎ nǐ de zìxíngchē jiè wǒ yíxià.

　　　B：我的<u>自行车</u>被同学借去了。
　　　Wǒ de zìxíngchē bèi tóngxué jièqu le.

※同学：クラスメート

　　　A：噢，没关系。
　　　Ō, méi guānxi.

4 月亮　升起来　迷人
yuèliang　　　　mírén

5 天气　暖和　舒服
tiānqì

6 汉语会话能力　提高　高兴
huìhuà nénglì　tígāo

(2)　A：<u>太阳</u>渐渐地<u>升起来</u>了。
　　　Tàiyáng jiànjiàn de shēngqǐlai le.

　　　B：真<u>美</u>啊！
　　　Zhēn měi a!

088　一课一成语 yí kè yì chéngyǔ　　　1課に1つの四字熟語を覚えましょう！

背水一战 bèi shuǐ yí zhàn　背水の陣を敷いて、最後の決戦を挑む。

2 役を分担して会話をしてみましょう。

(1) A： 阿部明天有什么事？

    B： _____

(2) A： 阿部在什么公司实习？

    B： _____

(3) A： 下班前阿部要完成什么工作？

    B： _____

3 中国語の発音を聞いて、語句を書き取りましょう。 🔊 089

漢 字	ピンイン		漢 字	ピンイン
(1)		(4)		
(2)		(5)		
(3)		(6)		

4 下記の日本語の意味になるように、語句を並べ替えましょう。

(1) データをよく確認してみてください。
【 数据 / 确认 / 你 / 仔细地 / 请 / 一下 / 。】

_____

(2) あなたは会社で働きたいですか、それとも役所☆で働きたいですか。
【 想 / 想 / 政府机关 / 公司 / 还是 / 工作 / 工作 / 在 / 在 / 你 / , / ？】
☆政府机关 zhèngfǔ jīguān

_____

(3) 私たちの計画書☆は会社に承認☆されませんでした。
【 公司 / 我们 / 批准 / 的 / 没 / 计划书 / 被 / 。】　☆计划书 jìhuàshū　☆批准 pīzhǔn

_____

1 音声を聞いて（　　）を埋め、さらに通訳してみましょう。

(1) 他的（　　　　　　　　　）没被朋友借去。

(2) 她的（　　　　　　　　　）被同学借去了。

(3) 我的（　　　　　　　　　）被妹妹拿去了。

2 空欄を埋めて、日本語に訳してみましょう。

(1) 刘佳开玩笑（　　　　）说：是打工，（　　　　　）有约会？

日本語訳 _____

(2) 下班前阿部要仔细（　　　）确认一份（　　　　）返回来的报告书。

日本語訳 _____

(3) 阿部因为（　　　）去公司实习，所以不能（　　　　）中国朋友。

日本語訳 _____

3 次の日本語を中国語に訳しましょう。

(1) 明日私はある会社にインターンシップに行かなければなりません。

_____

(2) 分かりました。必ず時間通りに完成します。

_____

(3) 夏休みは旅行に行きますか、それともアルバイトをしますか。

_____

就活・留学準備の強力な味方!

あなたのグローバル英語力を測定

新時代のオンラインテスト

銀行のセミナー・研修にも使われています

®

GLENTS

留学・就活により役立つ新時代のオンラインテスト

ENGLISH EXPRESS

音声ダウンロード付き 毎月6日発売 B5判 定価1263円（税込）

これが"世界標準の英語"!!

CNNの生音声で学べる唯一の月刊誌

◇CNNのニュース、インタビューが聴ける

◇英語脳に切り替わる問題集付き

◇カリスマ講師・関正生の文法解説や
人気通訳者・橋本美穂などの豪華連載も

◇スマホやパソコンで音声らくらくダウンロード

定期購読をお申し込みの方には本誌1号分無料ほか、
特典多数!

「第二のトランプ」として話題のデサンティス氏に迫る

CNNレポート
BTS
第二章への旅立ち

9
September 2022

世界の英語で耳トレ
アイルランド・スコットランド・欧州編

医療を変えるか!?
スライム型ロボット

初級者からの
ニュース・リスニング

CNN
Student News
2022 夏秋

動画音声付き
オンライン提供

音声アプリ＋動画で、
どんどん聞き取れる！

- レベル別に2種類の
  速度の音声を収録
- ニュース動画を字幕
  あり/なしで視聴できる

MP3・電子書籍版・
動画付き［オンライン提供］
A5判 定価1320円（税込）

1本30秒だから、聞きやすい！

CNN
ニュース・リスニング
2022［春夏］

電子書籍版付き
ダウンロード方式で提供

［30秒×3回聞き］方式で
世界標準の英語がだれでも聞き取れる！

- 羽生結弦、「氷上の王子」
  の座はゆずらない
- オックスフォード英語
  辞典にKカルチャー旋風

MP3・電子書籍版付き
（ダウンロード方式）
A5判 定価1100円（税込）

新しい英語力測定テストです。
詳しくはCNN GLENTSホームページをご覧ください。

https://www.asahipress.com/special/glents

CNN GLENTSとは

GLENTSとは、Global English Testing Systemという名の通り、世界標準の英語力を測るシステムです。リアルな英語を聞き取るリスニングセクション、海外の話題を読み取るリーディングセクション、異文化を理解するのに必要な知識を問う国際教養セクションから構成される、世界に通じる「ホンモノ」の英語力を測定するためのテストです。

※画像はイメージです。

® & © Cable News Network A WarnerMedia Company. All Rights Reserved.

お問い合わせ先

株式会社 朝日出版社　「CNN GLENTS」事務局
フリーダイヤル：**0120-181-202**　E-MAIL：**glents_support@asahipress.com**
（平日午前10時～午後6時）

第 **10** 课 怎么过年？
Dì shí kè

Zěnme guònián

本文 　大学生たちは日中お正月の話で盛り上がっている。 🔊 091

朋友A：　日本人怎么过年？
　　　　　Rìběnrén zěnme guònián?

阿部：　吃年糕、什锦年菜和荞麦面，还要去神社参拜。
　　　　Chī niángāo、　shíjǐn niáncài hé qiáomàimiàn,　hái yào qù shénshè cānbài.

朋友A：　是吗？　很有特色啊。
　　　　　Shì ma?　　Hěn yǒu tèsè a.

阿部：　中国人过年吃什么？
　　　　Zhōngguórén guònián chī shénme?

朋友A：　北方人要吃饺子，南方人吃馄饨和年糕什么的。
　　　　　Běifāngrén yào chī jiǎozi,　nánfāngrén chī húntun hé niángāo shénmede.

朋友B：　听说除夕日本有"红白歌会"。
　　　　　Tīngshuō chúxī Rìběn yǒu "Hóngbáigēhuì".

阿部：　是的，很像中国的"春晚"。
　　　　Shì de,　hěn xiàng Zhōngguó de "Chūnwǎn".

刘佳：　不过，日本没有舞蹈、相声和小品。
　　　　Búguò,　　Rìběn méiyǒu wǔdǎo,　xiàngsheng hé xiǎopǐn.

阿部：　诶，元旦你们不打算来观光吗？
　　　　Éi,　　Yuándàn nǐmen bù dǎsuàn lái guānguāng ma?

刘佳：　法律上只放一天假，来不了。
　　　　Fǎlǜ shang zhǐ fàng yì tiān jià,　láibuliǎo.

新出語句 🔊 092

1. 过年 guònián 動正月を迎える、年越しをする
2. 年糕 niángāo 名餅
3. 什锦年菜 shíjǐn niáncài 名お節料理
4. 荞麦面（条）qiáomàimiàn(tiáo) 名蕎麦
5. 要 yào 助動(習慣的)よく～する、いつも～する
6. 参拜 cānbài 動参拝する
7. 馄饨 húntun 名ワンタン
8. 什么的 shénmede 助などなど
9. 像 xiàng 動似ている
10. 春晚 Chūnwǎn 名"春节联欢晚会 Chūnjié liánhuān wǎnhuì"の略称。日本の紅白歌合戦に相当する中国の正月番組
11. 舞蹈 wǔdǎo 名舞踏、踊り
12. 相声 xiàngsheng 名漫才
13. 小品 xiǎopǐn 名小品、寸劇
14. 只 zhǐ 副ただ
15. 放假 fàngjià 動休みになる
16. 来不了 láibuliǎo フ来ることができない

ポイント

093

Point 1 挿入語 "听说～" と "据说～" 「聞くところによれば～だそうだ」

"听说"より"据说"は、たんなる噂によるものではなく、根拠がある場合が多い。

(1) 听说他想去中国工作
Tīngshuō tā xiǎng qù Zhōngguó gōngzuò.

(2) 听说他们在夏威夷举行婚礼。　　　　　　　　　　＊夏威夷：ハワイ
Tīngshuō tāmen zài Xiàwēiyí jǔxíng hūnlǐ.

(3) 据老师说运动会延期了。　💡 情報源を示すこともできる。
Jù lǎoshī shuō yùndònghuì yánqī le.

094

Point 2 "打算" の使い方

A 動詞 「～するつもりだ、～する予定だ」

(1) 毕业后我打算到日中合资企业工作。
Bìyè hòu wǒ dǎsuàn dào Rì-Zhōng hézī qǐyè gōngzuò.

(2) 暑假你打算怎么过？　➡　我打算在便利店打工。
Shǔjià nǐ dǎsuàn zěnme guò?　Wǒ dǎsuàn zài biànlìdiàn dǎgōng.

B 名詞 「予定、考え」

(3) 寒假你有什么打算？　➡　我还没有打算。
Hánjià nǐ yǒu shénme dǎsuàn?　Wǒ hái méiyǒu dǎsuàn.

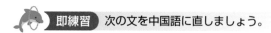 即練習　次の文を中国語に直しましょう。

❶ 夏休みは何をするつもりですか。

_____

❷ 聞くところによれば、彼は中国に出張に行ったそうです。

_____

3 **時量補語** 主語＋動詞＋時量補語（＋目的語）

時量補語は動詞の後に置かれ、動作や状態が持続する時間を表わす。

(1) 年轻人每天应该睡八（个）小时。
Niánqīngrén měi tiān yīnggāi shuì bā (ge) xiǎoshí.

＊年轻人：若者

(2) 我在大学学了两年汉语。
Wǒ zài dàxué xuéle liǎng nián Hànyǔ.

　　🔔 ただし、目的語が代名詞の場合、時量補語は目的語の後ろに置く。

　　主語＋動詞＋目的語＋時量補語

(3) 你等我一会儿，好吗？
Nǐ děng wǒ yíhuìr, hǎo ma?
　➡
　　　好吧，等你十分钟。　○
　　　Hǎo ba, děng nǐ shí fēnzhōng.

　　　好吧，等十分钟你。　×
　　　　　　　　　　　　　　　　　　＊分钟：分、分間

4 **可能補語**(1) 動詞＋得／不＋"了"(liǎo) 「～することができる（できない）、
　　　　　　　　　　　　　　　　　　　　　～しきれる（しきれない）」

可能補語は、ある動作の実現が可能か、不可能かを表わす。

(1) 他工作非常忙，去不了。
Tā gōngzuò fēicháng máng, qùbuliǎo.

(2) 行李太重了，我拿不了。
Xíngli tài zhòng le, wǒ nábuliǎo.

(3) 你吃得了这么辣的料理吗？
Nǐ chīdeliǎo zhème là de liàolǐ ma?

＊辣：辛い

 即練習 次の文を中国語に直しましょう。

❶ 私は毎日中国語を１時間勉強します。

❷ 料理が多すぎて食べきれません。

1 イラストの語句を使って、下線部を置き換え練習しましょう。 097

难　汉语书　看得了
　　　　　　kàndeliǎo

辣　酒　喝得了
　　　　hēdeliǎo

累　工作　做得了
　　　　　zuòdeliǎo

(1) A: 这么多的行李，你拿得了吗？
　　 Zhème duō de xíngli, nǐ nádeliǎo ma?

　　B: 没问题，拿得了。
　　 Méi wèntí, nádeliǎo.

　　C: 不行，拿不了。　　　　　　　　　　＊不行：だめだ、いけない
　　 Bùxíng, nábuliǎo.

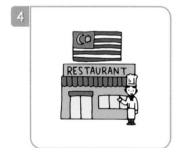

马来西亚　经营餐厅
Mǎláixīyà　jīngyíng

澳大利亚　教日语
Àodàlìyà　jiāo

加拿大　当柔道教练
Jiānádà　róudào jiàoliàn

(2) A: 最近有 他 / 她 的消息吗？　　　　　＊消息：消息、音信
　　 Zuìjìn yǒu tā de xiāoxi ma?

　　B: 听朋友说 他 / 她 在中国工作。
　　 Tīng péngyou shuō tā zài Zhōngguó gōngzuò.

098 一课一成语 yí kè yì chéngyǔ　　1課に1つの四字熟語を覚えましょう！

临阵磨枪 lín zhèn mó qiāng　（泥縄）戦いの直前になって武器を磨く。いざという
時になってやっと準備をすることのたとえ。

2 役を分担して会話をしてみましょう。

(1) A: 请说说日本人怎么过年?

B: ....

(2) A: 你知道中国人过年吃什么吗?

B: ....

(3) A: 元旦你打算做什么?

B: ....

3 中国語の発音を聞いて、語句を書き取りましょう。 🔊 099

漢 字	ピンイン		漢 字	ピンイン
(1)	....	(4)	....	
(2)	....	(5)	....	
(3)	....	(6)	....	

4 下記の日本語の意味になるように、語句を並べ替えましょう。

(1) 彼は毎日中国語の新聞を30分読みます。
【 中文报纸 / 三十 / 他 / 看 / 分钟 / 每天 / 。】

....

(2) 先輩の話によると、彼らの会社には中国語を話せる人が必要☆だそうです。
【 他们 / 学长 / 公司 / 听 / 人 / 会说汉语 / 需要 / 说 / 的 / 。】　　☆需要 xūyào

....

(3) この仕事は難しすぎて、私にはできません。
【 太难 / 我 / 这 / 了 / 做不了 / 工作 / , / 。】

....

1 音声を聞いて（　　）を埋め、さらに通訳してみましょう。

(1) 听朋友说他在马来西亚（　　　　　　）。

(2) 听朋友说他在欧洲（　　　　　　）。

(3) 听朋友说她在（　　　　　　）教日语。

2 空欄を埋めて、日本語に訳してみましょう。

(1) 元旦刘佳他们来（　　　　）了日本，因为中国法律上只（　　　）一天假。

　　 日本語訳 ....

(2) 过年的时候日本人吃年糕，中国的（　　　　）也吃（　　　　）。

　　 日本語訳 ....

(3) （　　　　）朋友（　　　　）中国的春晚既唱歌，又有舞蹈、相声和小品。

　　　　　　　　　　　　　　　　　　　　　　　　　　　　＊唱歌 chànggē：歌を歌う

　　 日本語訳 ....

3 次の日本語を中国語に訳しましょう。

(1) 元旦に日本観光に来る予定はありますか。

....

(2) 日本人はお正月に、餅やそば、おせち料理を食べます。

....

(3) 彼女は毎日1時間中国語を勉強しているそうです。

....

第11课 陪同买礼物

第 **11** 课
Dì shíyī kè

陪同买礼物
Péitóng mǎi lǐwù

本文 阿部さんは劉佳さんたちに付き添って帰国のお土産を買いに行く。 101

刘佳： 你给我们推荐一下，买什么礼物好？
Nǐ gěi wǒmen tuījiàn yíxià, mǎi shénme lǐwù hǎo?

阿部： 很多中国游客喜欢买电器产品。
Hěn duō Zhōngguó yóukè xǐhuan mǎi diànqì chǎnpǐn.

刘佳： 那些东西太贵了，我买不起。
Nàxiē dōngxi tài guì le, wǒ mǎibuqǐ.

朋友A： 我想给同学买小礼物。
Wǒ xiǎng gěi tóngxué mǎi xiǎo lǐwù.

阿部： 这里离药妆店不远，我建议去那里看看。
Zhèli lí yàozhuāngdiàn bù yuǎn, wǒ jiànyì qù nàli kànkan.

★ドラッグストアで。

刘佳： 诶，这里的商品不但便宜，而且种类也不少。
Éi, zhèli de shāngpǐn búdàn piányi, érqiě zhǒnglèi yě bù shǎo.

朋友A： 买多少钱的东西，可以免税？
Mǎi duōshao qián de dōngxi, kěyǐ miǎnshuì?

阿部： 满五千日元就可以。
Mǎn wǔqiān rìyuán jiù kěyǐ.

朋友A： 免税手续怎么办啊？
Miǎnshuì shǒuxù zěnme bàn a?

阿部： 在收银台出示护照就可以。
Zài shōuyíntái chūshì hùzhào jiù kěyǐ.

新出語句 　　　　　　　　　　　　　　　　　 102

❶ 陪同 péitóng 　動 同伴する、案内する
❷ 推荐 tuījiàn 　動 推薦する、薦める
❸ 电器产品 diànqì chǎnpǐn 　名 電気製品
❹ 那些 nàxiē 　代 あれら、それら
❺ 东西 dōngxi 　名 物品、商品
❻ 买不起 mǎibuqǐ 　フ 買えない
❼ 药妆店 yàozhuāngdiàn 　名 ドラッグストア
❽ 种类 zhǒnglèi 　名 種類
❾ 满 mǎn 　動 満たす、～に達する
❿ 日元 rìyuán 　名 日本円
⓫ 办手续 bàn shǒuxù 　フ 手続きをする
⓬ 收银台 shōuyíntái 　名 レジ
⓭ 出示 chūshì 　動 呈示する
⓮ 护照 hùzhào 　名 パスポート

ポイント

1　可能補語(2)　動詞＋得/不＋結果補語(方向補語)
「～することができる(できない)、～しきれる(しきれない)」

ある動作の実現が可能か、不可能かを表わす。

(1) 外面的雨太大了，我们出不去。
Wàimiàn de yǔ tài dà le, wǒmen chūbuqù.

＊外面：外

(2) 我听得懂老师的汉语。
Wǒ tīngdedǒng lǎoshī de Hànyǔ.

(3) 去上海的飞机票还买得到吗？
Qù Shànghǎi de fēijīpiào hái mǎidedào ma?

➡

买得到。
Mǎidedào.

已经买不到了。
Yǐjīng mǎibudào le.

＊飞机票：航空券

2　介詞"离～"　「～から、～まで」

2点間の空間的距離と時間的隔たりを表わす。

(1) 我们学校离地铁站很近。
Wǒmen xuéxiào lí dìtiě zhàn hěn jìn.

(2) 离圣诞节还有一个月。
Lí Shèngdànjié hái yǒu yí ge yuè.

＊圣诞节：クリスマス

(3) 离期末考试还有一个星期了，我得赶快复习。
Lí qīmò kǎoshì hái yǒu yí ge xīngqī le, wǒ děi gǎnkuài fùxí.

＊一个星期：一週間

即練習　次の文を中国語に直しましょう。

❶ 私の家は大学から遠くありません。

_____

❷ 私は中国語の新聞が読めません。

_____

3 "建议"の使い方 「提案(する)、建議(する)」

(1) 我建议大家先去京都观光。
Wǒ jiànyì dàjiā xiān qù Jīngdū guānguāng.

(2) 这衣服既漂亮又便宜，我建议你买一件。
Zhè yīfu jì piàoliang yòu piányi, wǒ jiànyì nǐ mǎi yí jiàn.

(3) 大家有什么好的建议吗？ ➡ 我有一个建议。
Dàjiā yǒu shénme hǎo de jiànyì ma?   Wǒ yǒu yí ge jiànyì.

4 複文 "不但A，而且B" 「Aだけでなく，Bまでも（その上Bも）」

(1) 我们不但学英语，而且学汉语。
Wǒmen búdàn xué Yīngyǔ, érqiě xué Hànyǔ.

(2) 他不但聪明，而且非常勤奋。
Tā búdàn cōngmíng, érqiě fēicháng qínfèn.

＊勤奋：勤勉である

(3) 我不但喜欢音乐，而且喜欢美术。
Wǒ búdàn xǐhuan yīnyuè, érqiě xǐhuan měishù.

 即練習 次の文を中国語に直しましょう。

❶ 彼は英語が上手だけでなく、中国語もとても流暢です。

＿＿＿＿＿＿＿＿＿＿＿＿＿＿＿＿＿＿＿＿＿＿＿＿＿＿＿＿＿

❷ 先輩から会社にインターンシップに行くように勧められました。

＿＿＿＿＿＿＿＿＿＿＿＿＿＿＿＿＿＿＿＿＿＿＿＿＿＿＿＿＿

1 イラストの語句を使って、下線部を置き換え練習しましょう。 107

1
A: 作业做得完
B: 多 / 做不完

2
A: 黑板 (hēibǎn) 上的字 (zì) 看得见
B: 小 / 看不见

3
A: 中文小说 (xiǎoshuō) 看得懂
B: 难 / 看不懂

(1) A: <u>老师的汉语听得懂</u>吗？
　　 Lǎoshī de Hànyǔ tīngdedǒng ma?

　　 B: <u>太快</u>了, <u>听不懂</u>。
　　 Tài kuài le, tīngbudǒng.

4
提供免费午餐
tígōng miǎnfèi wǔcān

5
设置午睡时间
shèzhì wǔshuì shíjiān

6
年末多发奖金
niánmò jiǎngjīn

(2) A: 大家有什么好的建议吗？
　　 Dàjiā yǒu shénme hǎo de jiànyì ma?

　　 B: 我建议公司<u>今年去海外旅游</u>。
　　 Wǒ jiànyì gōngsī jīnnián qù hǎiwài lǚyóu.

　　 A: 可以考虑。/ 不行, 公司没有钱。　　　　＊考虑 kǎolù：考慮する、考える
　　 Kěyǐ kǎolǜ. / Bùxíng, gōngsī méiyǒu qián.

🔊 108

一课一成语 yí kè yì chéngyǔ　　　1課に1つの四字熟語を覚えましょう！

瓜田李下 (かでんりか) guā tián lǐ xià　（ウリ畑に履を納れず、スモモの木の下に冠を正さず）
　　　　　　　　　　　　　　　　　　　　人に疑われるようなことはするなの意味合い。

2 役を分担して会話をしてみましょう。

(1) A: 来日本的中国游客喜欢买什么东西？

   B: ....

(2) A: 阿部建议刘佳他们去哪儿买礼物？

   B: ....

(3) A: 买多少钱的东西，可以免税？

   B: ....

3 中国語の発音を聞いて、語句を書き取りましょう。　　　　　　　　🔊 109

漢 字	ピンイン		漢 字	ピンイン
(1)	....	(4)	....
(2)	....	(5)	....
(3)	....	(6)	....

4 下記の日本語の意味になるように、語句を並べ替えましょう。

(1) ここの商品は高いだけでなく、種類も多くありません。
   【种类 / 商品 / 这里 / 不但 / 而且 / 的 / 也 / 贵 / 不多 / ， / 。】

   ....

(2) これはジャンクフード☆で、みなさんに食べないことをお勧めします。
   【建议 / 这 / 不要 / 我 / 垃圾食品 / 是 / 吃 / 大家 / ， / 。】　☆垃圾食品 lājī shípǐn

   ....

(3) 卒業まであと半年なので、早く卒業論文を書かなければなりません。
   【半年 / 赶快 / 毕业 / 毕业论文 / 还 / 离 / 得 / 有 / 了 / 写 / 我 / ， / 。】

   ....

🔊 110

1 音声を聞いて（　）を埋め、さらに通訳してみましょう。

(1) 黒板上的字不小，我（　　　　　　）。

(2) 中文小说太难了，我（　　　　　　）。

(3) 作业不太多，我（　　　　　　）。

2 空欄を埋めて、日本語に訳してみましょう。

(1) 我爸爸看（　　　）懂一点儿汉语，不过听（　　　）懂。

日本語訳 ....

(2) 便利店（　　　）方便，（　　　）东西也不太贵。

日本語訳 ....

(3) （　　　）春节还有三天了，回国的飞机票还买（　　　）到吗？

日本語訳 ....

3 次の日本語を中国語に訳しましょう。

(1) この品物は高すぎて、私には買えません。

....

(2) 元旦まであと一週間あります。

....

(3) レジでパスポートを提示すれば大丈夫です。

....

第12课 送别会

Sòngbié huì

本文 楽しい日本旅行がもうすぐ終わり、別れ会が開かれている。 🔊 111

刘佳： 这次的自助游多亏了阿部的帮助，玩儿得特开心。
Zhè cì de zìzhùyóu duōkuīle Ābù de bāngzhù, wánr de tè kāixīn.

朋友B： 不仅观光，还学了很多日语。
Bùjǐn guānguāng, hái xuéle hěn duō Rìyǔ.

刘佳： 阿部，真不知道怎么感谢你！
Ābù, zhēn bù zhīdào zěnme gǎnxiè nǐ!

阿部： 别客气，在中国大家不是也帮助我吗？
Bié kèqi, zài Zhōngguó dàjiā bú shì yě bāngzhù wǒ ma?

朋友A： 欢迎你再来中国。
Huānyíng nǐ zài lái Zhōngguó.

刘佳： 告诉大家一个好消息，阿部可能去中国工作。
Gàosu dàjiā yí ge hǎo xiāoxi, Ābù kěnéng qù Zhōngguó gōngzuò.

朋友B： 真的吗？ 太棒了！
Zhēn de ma? Tài bàng le!

阿部： 回去以后，请代我向朋友们问好！
Huíqu yǐhòu, qǐng dài wǒ xiàng péngyoumen wènhǎo!

刘佳： 一定转达你的问候。
Yídìng zhuǎndá nǐ de wènhòu.

朋友B： 今后我们经常联系吧。
Jīnhòu wǒmen jīngcháng liánxì ba.

新出語句 🔊 112

① 这次 zhè cì ［フ］今回、このたび
② 自助游 zìzhùyóu ［名］個人旅行する
③ 多亏 duōkuī ［動］～のおかげで（ある）
④ 帮助 bāngzhù ［動］助ける、援助する
⑤ 开心 kāixīn ［形］楽しい、愉快である
⑥ 告诉 gàosu ［動］知らせる、教える
⑦ 可能 kěnéng ［副］～かもしれない
⑧ 真的 zhēn de ［フ］本当だ
⑨ 代 dài ［動］代わる、代わりに～する
⑩ 问好 wènhǎo ［動］よろしく言う
⑪ 转达 zhuǎndá ［動］（人の意向などを）伝える
⑫ 问候 wènhòu ［名・動］あいさつ（する）
⑬ 经常 jīngcháng ［副］しょっちゅう、常に
⑭ 联系 liánxì ［動］連絡する

113

 複文 "不仅 A，还 B" 「A だけでなく、B も〜」

(1) 这里不仅卖化妆品，还卖药品。   ＊化妆品：化粧品
　　Zhèli bùjǐn mài huàzhuāngpǐn, hái mài yàopǐn.

(2) 他不仅帅，还很有才能。   ＊帅：かっこいい
　　Tā bùjǐn shuài, hái hěn yǒu cáinéng.

(3) 我妹妹不仅会弹钢琴，还会拉小提琴。
　　Wǒ mèimei bùjǐn huì tán gāngqín, hái huì lā xiǎotíqín.

 114

 反語文 "不是〜吗" 「〜ではないですか」

反語の形で強く肯定の意を表わす。

(1) 别客气，我们不是好朋友吗？
　　Bié kèqi, wǒmen bú shì hǎo péngyou ma?

(2) 这不是很好吗？
　　Zhè bú shì hěn hǎo ma?

(3) 你不是说不想参加吗？ 怎么又参加了？   ＊又：また
　　Nǐ bú shì shuō bù xiǎng cānjiā ma? Zěnme yòu cānjiā le?

 即練習 次の文を中国語に直しましょう。

❶ 私はテニス☆だけでなく、卓球もできます。   ☆打网球 dǎ wǎngqiú

....

❷ あなたは難しくないと言ったではありませんか。

....

3 二重目的語　動詞＋目的語1（人）＋目的語2（事物）　「〜は…に…をする」

人が前、人以外のものは後に置かれる。

(1) 我送中国朋友一个礼物。　　　　　　　　　　　　　　＊送：贈る
Wǒ sòng Zhōngguó péngyou yí ge lǐwù.

(2) 我不想告诉他我的手机号码。　　　　　　　　　　　　＊号码：番号
Wǒ bù xiǎng gàosu tā wǒ de shǒujī hàomǎ.

(3) 今天老师教你们什么了？　➡　老师教我们中国歌了。
Jīntiān lǎoshī jiāo nǐmen shénme le?　　Lǎoshī jiāo wǒmen Zhōngguógē le.

 4　介詞“向〜”「〜に向かって、〜に」

動作の方向や動作の向かう相手を表わす。

(1) 请向大家问好。
Qǐng xiàng dàjiā wènhǎo.

(2) 我们赶快向公司汇报吧。　　　　　　　　　　　　　　＊汇报：報告する
Wǒmen gǎnkuài xiàng gōngsī huìbào ba.

(3) 他真的向你求婚了吗？
Tā zhēn de xiàng nǐ qiúhūn le ma?

即練習　次の文を中国語に直しましょう。

❶ 友達は私に誕生日☆プレゼントをくれました。　　　　☆生日 shēngrì

_____

❷ ご両親によろしくお伝えください。

_____

1 イラストの語句を使って、下線部を置き換え練習しましょう。 117

1 选手们　热烈的祝贺
rèliè　zhùhè

2 对方　深深的歉意
shēnshēn qiànyì

3 他们　强烈的抗议
qiángliè kàngyì

(1) A: 请代我向对方表示谢意。
Qǐng dài wǒ xiàng duìfāng biǎoshì xièyì.

※对方：相手、先方

B: 好的，一定转达。
Hǎo de, yídìng zhuǎndá.

※好的：(同意などを表す)はい、そうしよう

A: 拜托了。
Bàituō le.

4 画山水画儿
huà shānshuǐhuàr

5 打高尔夫球
dǎ gāo'ěrfūqiú

6 下围棋
xià wéiqí

(2) A: 老师教你们什么？
Lǎoshī jiāo nǐmen shénme?

B: 老师教我们汉语。
Lǎoshī jiāo wǒmen Hànyǔ.

118 **一课一成语** yí kè yì chéngyǔ
1課に1つの四字熟語を覚えましょう！

锦上添花 jǐn shàng tiān huā （錦上花を添える）美しいものの上にさらに美しい
ものを加える。

2 役を分担して会話をしてみましょう。

(1) A: 刘佳他们的自助游多亏了谁的帮助？

    B: _____

(2) A: 刘佳告诉大家一个什么好消息？

    B: _____

(3) A: 阿部请刘佳他们向谁问好？

    B: _____

3 中国語の発音を聞いて、語句を書き取りましょう。　　　　　🔊 119

漢字	ピンイン		漢字	ピンイン
(1) _____	_____	(4) _____	_____
(2) _____	_____	(5) _____	_____
(3) _____	_____	(6) _____	_____

4 下記の日本語の意味になるように、語句を並べ替えましょう。

(1) あなたも私の提案☆に賛成ではありませんか。　　　　　　　　　　☆提案 tí'àn

【 我 / 你 / 不是 / 提案 / 也 / 吗 / 赞成 / 的 / ? 】

_____

(2) みなさんのおかげで、時間通りに仕事が終わりました。

【 大家 / 我 / 多亏了 / 按时 / 的 / 了 / 帮助 / 工作 / 完成 / , / 。】

_____

(3) みんなに悪い知らせをしますが、今回のテストは多くの人が不合格☆だそうです。

【 消息 / 听说 / 告诉 / 很多人 / 大家 / 一个 / 考试 / 不好 / 不及格 / 这次 / 的 / , / 。】

☆不及格 bù jígé

🔊 120

1 音声を聞いて（　）を埋め、さらに通訳してみましょう。

(1) 老师（　　　　　　　　）教学生唱歌，（　　　　　　　　　　　）教学生画山水画儿。

(2) 老师不仅教他们（　　　　　　　），还教他们（　　　　　　　）。

(3) 老师不仅教我们（　　　　　　　），还教我们（　　　　　　　）。

2 空欄を埋めて、日本語に訳してみましょう。

(1) 阿部（　　　　　）刘佳回中国后（　　　　　）朋友们问好。

日本語訳 _____

(2) 她男朋友（　　　　　）个子很高，（　　　　　）很帅。　　　＊男朋友 nánpéngyou：彼氏

日本語訳 _____

(3) 你（　　　　）说一起去吗？　怎么又不去（　　　　　）？

日本語訳 _____

3 次の日本語を中国語に訳しましょう。

(1) 必ずご挨拶をお伝えします。

_____

(2) 今回のセルフ旅行は阿部さんのおかげで、とても楽しく遊べました。

_____

(3) 私の代わりに友達たちによろしくお伝えください。

_____

楽しいコーナー

A 中国語で漢詩を朗読してみましょう。

静夜思

Jìngyèsī

 121

李 白

Lǐ Bái

床前明月光， Chuáng qián míng yuè guāng,

疑是地上霜。 Yí shì dì shàng shuāng.

举头望明月， Jǔ tóu wàng míng yuè,

低头思故乡。 Dī tóu sī gù xiāng.

静夜思

李白

床前 明月の光

疑うらくは 是れ 地上の霜かと

頭を挙げて 明月を望み

頭を低れて 故郷を思う

春晓
Chūnxiǎo

🔊 122

孟 浩然
Mèng Hàorán

春眠不觉晓，　Chūn mián bù jué xiǎo,

处处闻啼鸟。　Chù chù wén tí niǎo.

夜来风雨声，　Yè lái fēng yǔ shēng,

花落知多少。　Huā luò zhī duō shao.

春暁（しゅんぎょう）

孟浩然（もうこうねん）

春眠（しゅんみん）　暁（あかつき）を覚（おぼ）えず

処処（しょしょ）　啼鳥（ていちょう）を聞（き）く

夜来（やらい）　風雨（ふうう）の声（こえ）

花落（はなお）つること知（し）る多少（たしょう）

儿歌《找 朋友》

érgē 《Zhǎo péngyou》

(◁)) 123

找呀找呀找朋友， Zhǎo ya zhǎo ya zhǎo péngyou,

找到一个好朋友。 zhǎodào yí ge hǎo péngyou.

敬个礼，握握手， Jìng ge lǐ, wòwo shǒu,

你是我的好朋友。 nǐ shì wǒ di hǎo péngyou.

童謡の意味：
探そう探そう友達を探そう、
よい友達を一人見つけた。
敬礼を一つし、ちょっと握手する、
あなたは私のよい友達だ。

＊現代中国では、広く伝わり、多くの子供たちの成長を伴った
この童謡に比肩するものはないと言える。中国旧正月の番組・
「春節聯歓晩会」（日本の紅白歌合戦に相当する番組）におい
てもたびたび歌われている。

Happy Birthday to you

(◁)) 124

《祝 你 生日 快乐》

《 Zhù nǐ shēngrì kuàilè 》

祝 你 生日 快乐!
Zhù nǐ shēngrì kuàilè!

① 祝 zhù：祈る、祝う
② 生日 shēngrì：誕生日
③ 快乐 kuàilè：愉快である、楽しい

＊世界中で歌われているこの歌の中国語歌詞は覚えやすく、すぐ歌えるよ！

《铃儿 响 叮当》
《Líng'er xiǎng dīngdāng》 ◀)) 125

叮叮当，叮叮当，　　　Dīngdīngdāng, dīngdīngdāng,

铃儿响叮当。　　　　　líng'er xiǎng dīngdāng.

我们滑雪多快乐，　　　Wǒmen huáxuě duō kuàilè,

我们坐在雪橇上。　　　wǒmen zuò zài xuěqiāo shang.

＊＊＊＊＊＊＊＊＊＊＊＊＊

冲破大风雪，　　　　　Chōngpò dà fēngxuě,

我们坐在雪橇上。　　　wǒmen zuò zài xuěqiāo shang.

奔驰过田野，　　　　　Bēnchí guò tiányě,

欢笑又歌唱。　　　　　huānxiào yòu gēchàng.

铃儿响叮当，　　　　　Líng'er xiǎng dīngdāng,

精神多欢畅。　　　　　jīngshén duō huānchàng.

今晚滑雪多快乐，　　　Jīnwǎn huáxuě duō kuàilè,

把滑雪歌儿唱。　　　　bǎ huáxuě gē'er chàng.

＊クリスマス(圣诞节 Shèngdànjié)に、みんなで楽しいメロディーにのって歌おう。

❶ 铃儿响叮当
　　Líng'er xiǎng dīngdāng：ジングルベル
❷ 叮叮当 dīngdīngdāng：「擬声語」リンリンリン
❸ 铃儿 líng'er：鈴
❹ 响 xiǎng：鳴る
❺ 滑雪 huáxuě：スキーをする
❻ 多 duō：どんなに～だろう

❼ 雪橇 xuěqiāo：そり
❽ 奔驰 bēnchí：疾走する
❾ 过 guò：通る
❿ 欢笑 huānxiào：快活に笑う
⓫ 精神 jīngshén：心、気持ち
⓬ 欢畅 huānchàng：愉快である、楽しい
⓭ 把 bǎ：～を(…する)

単語索引

漢字、ピンイン、初出の課の順。[ ]の数字は課、「ポ」の付いている語句はポイント、「ト」の付いている語句はトレーニング、「ソ」の付いている語句は即練習、「タ」の付いている語句は達成度総合チェックによるもの。

公司 gōngsī　　　　　　　　　　[5] ポ
瓜田李下 guā tián lǐ xià　　　　[11] ト
观赏 guānshǎng　　　　　　　　[4] ポ
贵 guì　　　　　　　　　　　　[7] ト
贵公司 guì gōngsī　　　　　　　[6]
过奖 guòjiǎng　　　　　　　　　[2]
过年 guònián　　　　　　　　　[10]
过 guo　　　　　　　　　　　　[4] ポ

H

还可以 hái kěyǐ　　　　　　　　[8] ト
还是 háishi　　　　　　　　　　[8] ポ
还有 háiyǒu　　　　　　　　　　[6]
海边 hǎibiān　　　　　　　　　[2] ト
寒假 hánjià　　　　　　　　　　[7] ソ
汉堡肉饼 hànbǎo ròubǐng　　　[5]
汉语词典 Hànyǔ cídiǎn　　　　[9] ト
汉语水平考试
Hànyǔ Shuǐpíng Kǎoshì　　　[6]
好 hǎo　副 ものすごく、とても　[4]
好 hǎo　形 (病気が) 治る、よくなる　[8]
好吃 hǎochī　　　　　　　　　　[7] ト
好喝 hǎohē　　　　　　　　　　[7] ト
好久不见 hǎojiǔ bú jiàn　　　　[1]
好玩儿 hǎowánr　　　　　　　　[3]
号码 hàomǎ　　　　　　　　　　[12] ポ
喝得了 hēdeliǎo　　　　　　　　[10] ト
喝咖啡 hē kāfēi　　　　　　　　[4] ト
和 hé　　　　　　　　　　　　　[2] タ
黑板 hēibǎn　　　　　　　　　　[11] ト
红叶 hóngyè　　　　　　　　　　[2] ト
护照 hùzhào　　　　　　　　　　[11]
滑雪 huáxuě　　　　　　　　　　[2] ト
画山水画儿 huà shānshuǐhuàr　[12] ト
画蛇添足 huà shé tiān zú　　　[8] ト
化妆品 huàzhuāngpǐn　　　　　[12] ポ
欢迎光临 huānyíng guānglín　　[5]
回 huí　　　　　　　　　　　　[7]

回来 huílai　　　　　　　　　　[9] ポ
会 huì　～することができる　　[1] ポ
会 huì　～するであろう、～するはずだ　[8] ポ
汇报 huìbào　　　　　　　　　[12] ポ
会话能力 huìhuà nénglì　　　　[9] ト
婚纱 hūnshā　　　　　　　　　[5] ト
馄饨 húntun　　　　　　　　　[10]
浑身发冷 húnshēn fālěng　　　[8]
浑身无力 húnshēn wúlì　　　　[8] ト

J

机场 jīchǎng　　　　　　　　　[1]
既～, 又～ jì～, yòu～　　　　[5] ポ
计划书 jìhuàshū　　　　　　　[9] ト
家 jiā　　　　　　　　　　　　[7]
加拿大 Jiānádà　　　　　　　[10] ト
家务 jiāwù　　　　　　　　　　[4] ト
家长 jiāzhǎng　　　　　　　　[4] ポ
检查 jiǎnchá　　　　　　　　　[9] ポ
减肥 jiǎnféi　　　　　　　　　[2] ポ
件 jiàn　　　　　　　　　　　[8] ポ
见 jiàn　　　　　　　　　　　[9] ポ
渐渐 jiànjiàn　　　　　　　　　[9] ポ
建议 jiànyì　　　　　　　　　　[11] ポ
交论文 jiāo lùnwén　　　　　[6] ト
教日语 jiāo Rìyǔ　　　　　　　[10] ト
接 jiē　　　　　　　　　　　　[1]
借 jiè　　　　　　　　　　　　[9] ポ
锦上添花 jǐn shàng tiān huā　[12] ト
进步 jìnbù　　　　　　　　　　[9] ソ
尽情享受 jìnqíng xiǎngshòu　[5] ト
进去 jìnqu　　　　　　　　　　[5]
经常 jīngcháng　　　　　　　　[12]
经历 jīnglì　　　　　　　　　　[4] ポ
经营餐厅 jīngyíng cāntīng　　[10] ト
景点 jǐngdiǎn　　　　　　　　　[3]
就 jiù　　　　　　　　　　　　[3]
据说 jùshuō　　　　　　　　　[10] ポ

觉得　juéde　　　　　　　　　　　[7]

男朋友　nánpéngyou　[12] タ

能　néng　[1] ポ

年糕　niángāo　[10]

年级　niánjí　[2]

年末　niánmò　[11] ト

年轻人　niánqīngrén　[10] ポ

念　niàn　[4] ソ

牛仔裤　niúzǎikù　[6] ト

纽约　Niǔyuē　[3] ト

暖和　nuǎnhuo　[7] ポ

女朋友　nǚpéngyou　[1] ト

O

噢　ō　[6]

欧洲　Ōuzhōu　[3] ト

P

派　pài　[6]

跑　pǎo　[8] ポ

跑步　pǎobù　[2] ポ

陪　péi　[9]

陪同　péitóng　[11]

批评　pīpíng　[9] ポ

批准　pīzhǔn　[9] ト

啤酒　píjiǔ　[5]

皮鞋　píxié　[6] ト

便宜　piányi　[5]

漂亮　piàoliang　[4]

苹果　píngguǒ　[7] ト

葡萄酒　pútaojiǔ　[9] ポ

Q

骑摩托车　qí mótuōchē　[4] ト

骑自行车　qí zìxíngchē　[2] ト

起床晚　qǐchuáng wǎn　[6] ト

杞人忧天　qǐ rén yōu tiān　[7] ト

千　qiān　[6] ト

铅笔　qiānbǐ　[9] ト

强烈的抗议　qiángliè de kàngyì　[12] ト

荞麦面（条）　qiáomàimiàn(tiáo)　[10]

勤奋　qínfèn　[11] ポ

清淡　qīngdàn　[3] ポ

青天霹雳　qīng tiān pī lì　[5] ト

请　qǐng　～してもらう　[4] ポ

请　qǐng　招待する、おごる　[6] ポ

秋天　qiūtiān　[2] ト

去不了　qùbuliǎo　[10] ポ

R

让　ràng　[4] ポ

让你久等了　ràng nǐ jiǔ děng le　[1]

热烈的祝贺　rèliè de zhùhè　[12]

日本清酒　Rìběnqīngjiǔ　[7] ト

日餐　rìcān　[5] ト

日元　rìyuán　[11]

柔道教练　róudào jiàoliàn　[10] ト

如果～的话　rúguǒ～de huà　[6] ポ

S

塞翁失马　sài wēng shī mǎ　[3] ト

嗓子疼　sǎngzi téng　[8]

商量　shāngliang　[3] ポ

上菜　shàngcài　[5]

上课的时候　shàngkè de shíhou　[5] ポ

上面　shàngmiàn　[9]

绍兴酒　shàoxīngjiǔ　[7] ト

设置　shèzhì　[11] ト

深深的歉意　shēnshēn de qiànyì　[12] ト

什么的　shénmede　[10]

什么时候　shénme shíhou　[7] ポ

升起来　shēngqǐlai　[9] ポ

生日　shēngrì　[12] ソ

生鱼片　shēngyúpiàn　[1] ポ

圣诞节　Shèngdànjié　[11] ポ

什锦年菜　shíjǐn niáncài　[10]

食堂　shítáng　[6] ソ

实习 shíxí [9]

是～的 shì ~ de [7] ポ

(是)～，还是～ shì ~, háishi ~ [9] ポ

收拾 shōushi [7]

收银台 shōuyíntái [11]

数据 shùjù [9]

帅 shuài [12] ポ

双 shuāng [6] ト

说话 shuōhuà [5] ソ

四面楚歌 sì miàn chǔ gē [4] ト

送 sòng [12] ポ

虽然～，但是～ suīrán ~, dànshì ~ [8] ポ

T

T恤衫 Txùshān [6] ポ

台 tái [6] ト

泰山 Tàishān [7]

谈 tán [4] ポ

弹钢琴 tán gāngqín [1] ト

唐老鸭 Tánglǎoyā [4]

趟 tàng [2] ポ

讨论 tǎolùn [3] ト

套餐 tàocān [5]

特 tè [7]

特地 tèdì [1]

踢足球 tī zúqiú [8] ト

提案 tí'àn [12] ト

提高 tígāo [9] ト

提个问题 tí ge wèntí [2] ポ

提供 tígōng [11] ト

提交 tíjiāo [9] ポ

提议 tíyì [2]

体验 tǐyàn [6]

天气 tiānqì [9] ト

天真无邪 tiānzhēn wúxié [9] ポ

条 tiáo [6] ト

跳广场舞 tiào guǎngchǎngwǔ [8] ト

听得懂 tīngdedǒng [11] ポ

听课笔记 tīngkè bǐjì [9] ト

听说 tīngshuō [10] ポ

通过 tōngguò [6]

同学 tóngxué [9] ト

头疼 tóuténg [8] ト

土耳其 Tǔ'ěrqí [3] ト

图书馆 túshūguǎn [2] ト

推荐 tuījiàn [11]

W

哇 wā [4]

外面 wàimiàn [11] ポ

玩儿 wánr [5] タ

晚点 wǎndiǎn [1]

万 wàn [6] ト

忘 wàng [5] ト

为 wèi [2] ポ

喂 wèi(wéi) [8]

为了 wèile [2] ポ

胃疼 wèi téng [8] ト

为什么 wèi shénme [6]

温故知新 wēn gù zhī xīn [1] ト

温泉 wēnquán [5] ト

问好 wènhǎo [12]

问候 wènhòu [12]

舞蹈 wǔdǎo [10]

午睡时间 wǔshuì shíjiān [11] ト

舞厅 wǔtīng [5] ト

X

西餐 xīcān [5] ト

希望 xīwàng [7]

喜欢 xǐhuan [2]

洗澡 xǐzǎo [3] ポ

系 xì [2]

下班 xiàbān [9]

夏天 xiàtiān [2] ト

夏威夷 Xiàwēiyí [10] ポ

下围棋　xià wéiqí [12] ト
先〜, 然后〜　xiān〜, ránhòu〜 [3] ポ
想　xiǎng [3] ポ
像　xiàng [10]
向　xiàng [12] ポ
橡皮　xiàngpí [9] ト
相声　xiàngsheng [10]
消息　xiāoxi [10] ト
小品　xiǎopǐn [10]
小说　xiǎoshuō [11] ト
校园节　xiàoyuánjié [7] ポ
写论文　xiě lùnwén [2] ト
写完　xiěwán [6] ト
新干线　Xīngànxiàn [3] ト
辛苦　xīnkǔ [3]
兴奋　xīngfèn [4]
星期天　xīngqītiān [7] ソ
行李　xíngli [1]
休息　xiūxi [5] ポ
需要　xūyào [10] ト
选为　xuǎnwéi [9] ポ
学好　xuéhǎo [2] ト
学长　xuézhǎng [1] ポ

一个星期　yí ge xīngqī [11] ポ
一会儿　yíhuìr [4]
一下　yíxià [2]
一样　yíyàng [3] ポ
已经　yǐjīng [6]
(一)边〜, (一)边〜
　(yì)biān〜, (yì)biān〜 [4] ポ
意大利面　Yìdàlìmiàn [7] ト
一点儿　yìdiǎnr [1] ポ
一起　yìqǐ 副 一緒に [1] ポ
一起　yìqǐ 名 同じ所 [3]
因为〜, 所以〜　yīnwèi〜, suǒyǐ〜 [6] ポ
应该　yīnggāi [3] ポ
樱花　yīnghuā [2] ト
游客　yóukè [5]
游戏机　yóuxìjī [1] ポ
游泳　yóuyǒng [2] ト
又　yòu [12] ポ
元　yuán [6] ト
愿意　yuànyì [6]
约会　yuēhuì [9]
越来越　yuèláiyuè [7]
月亮　yuèliang [9] ト

Y

亚洲　Yàzhōu [3] タ
烟花　yānhuā [4]
样子　yàngzi [8] ポ
要　yào 動 ほしい、ください [4] ポ
要　yào 助動 〜したい [5] ポ
要　yào 動 要る、ほしい [9]
要　yào 助動 よく〜する、いつも〜する [10]
要〜了　yào〜le [7] ポ
药妆店　yàozhuāngdiàn [11]
衣服　yīfu [5] ト
医生　yīshēng [4] ト
医院　yīyuàn [8]
一定　yídìng [8] ポ

Z

再　zài [5]
早饭　zǎofàn [3] ソ
早上好　zǎoshang hǎo [9]
怎么　zěnme [1]
怎么样　zěnmeyàng [3]
站　zhàn 動 立つ [5]
站　zhàn 名 駅、停留所 [7]
招牌菜　zhāopáicài [5]
这次　zhè cì [12]
这样　zhèyàng [3]
着　zhe [5] ポ
真　zhēn [2]
真的　zhēn de [12]

表紙デザイン　　　　　大下賢一郎
本文デザイン＆イラスト　小熊未央
トレーニングイラスト　　メディア・アート

音声吹込　凌慶成
　　　　　李　洵

もっと活躍しよう！ 中国語　中級

検印 省略	© 2023 年 1 月 31 日　第 1 版　発行

著　者　　　　　　　　　　　　　　　徐　送迎

発行者　　　　　　　　　　　　　小川　洋一郎
発行所　　　　　　　　株式会社 朝 日 出 版 社
〒 101-0065　東京都千代田区西神田 3-3-5
電話 (03) 3239-0271・72 (直通)
振替口座　東京　00140-2-46008
欧友社 / 信毎印刷
http://www.asahipress.com

乱丁、落丁本はお取り替えいたします。
ISBN978-4-255-45368-2　C1087

本書の一部あるいは全部を無断で複写複製（撮影・デジタル化を含む）
及び転載することは、法律上で認められた場合を除き、禁じられています。